房地产法律问题答疑解惑

张恒福　编著

河北大学出版社
·保定·

图书在版编目（CIP）数据

房地产法律问题答疑解惑 / 张恒福编著．-- 保定 ：
河北大学出版社，2018.8
ISBN 978-7-5666-1414-8

Ⅰ．①房… Ⅱ．①张… Ⅲ．①房地产法－研究－中国
Ⅳ．① D922.384

中国版本图书馆 CIP 数据核字 (2018) 第 221073 号

房地产法律问题答疑解惑

出 版 人：耿金龙
责任编辑：李丽华
封面设计：杨艳霞
责任印制：靳云飞
出版发行：河北大学出版社
地址：河北省保定市七一东路 2666 号 邮编：071000
电话：0312-5073033 0312-5073029
邮箱：hbdxcbs818@163.com 网址：www.hbdxcbs.com
印 刷：河北锐文印刷有限公司
开 本：170mm × 240mm 1/16
印 张：16
字 数：193 千字
版 次：2018 年 8 月第 1 版
印 次：2018 年 8 月第 1 次印刷
书 号：ISBN 978-7-5666-1414-8
定 价：32.00 元

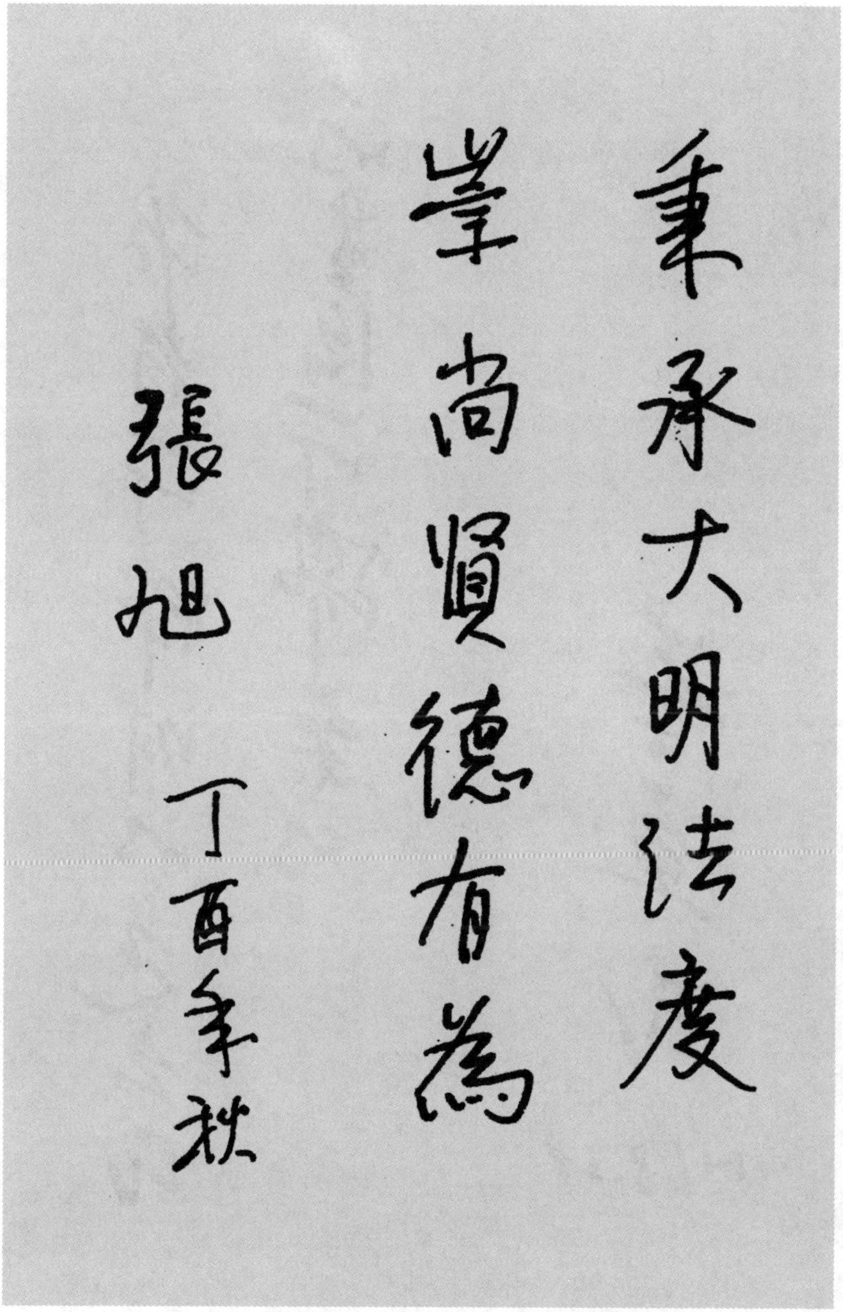

张旭，中共石家庄市栾城区区委书记

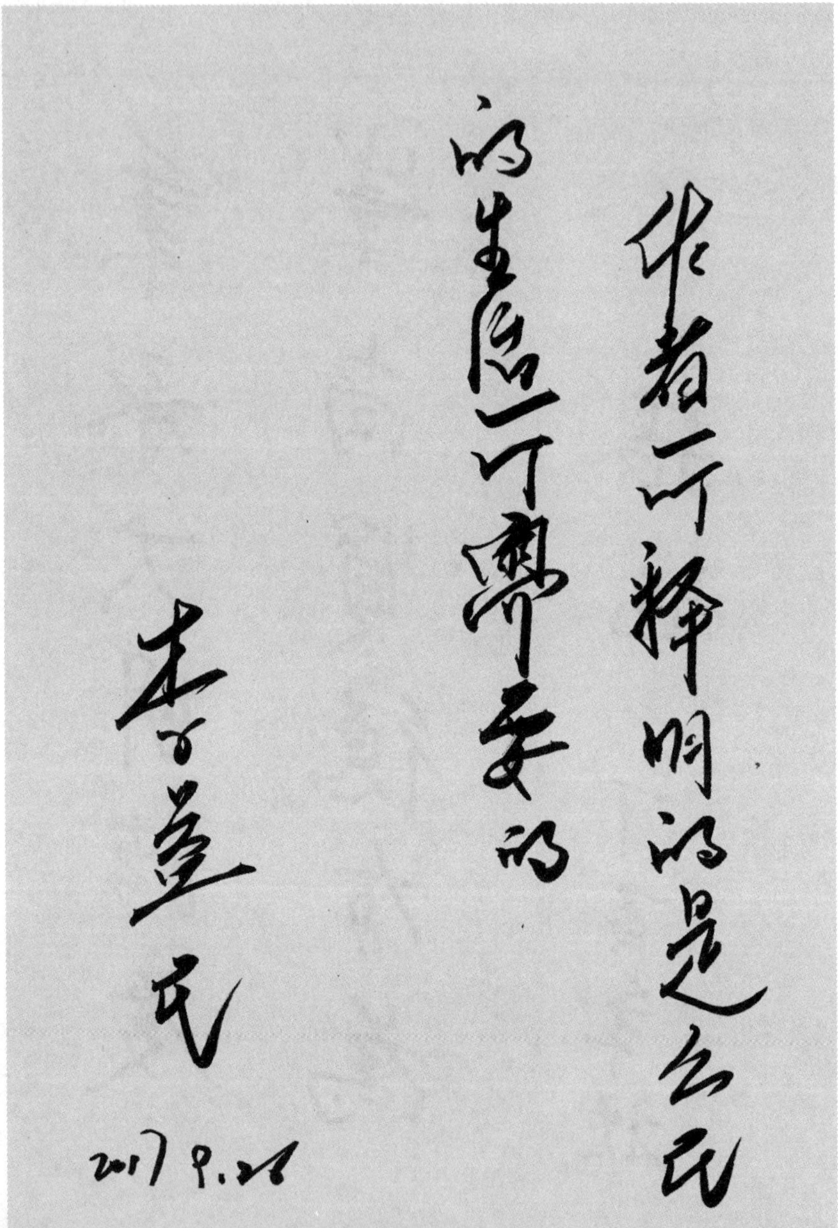

李益民，河北省司法厅原厅长、河北省人大内务司法委员会原副主任委员、河北省律师协会会长

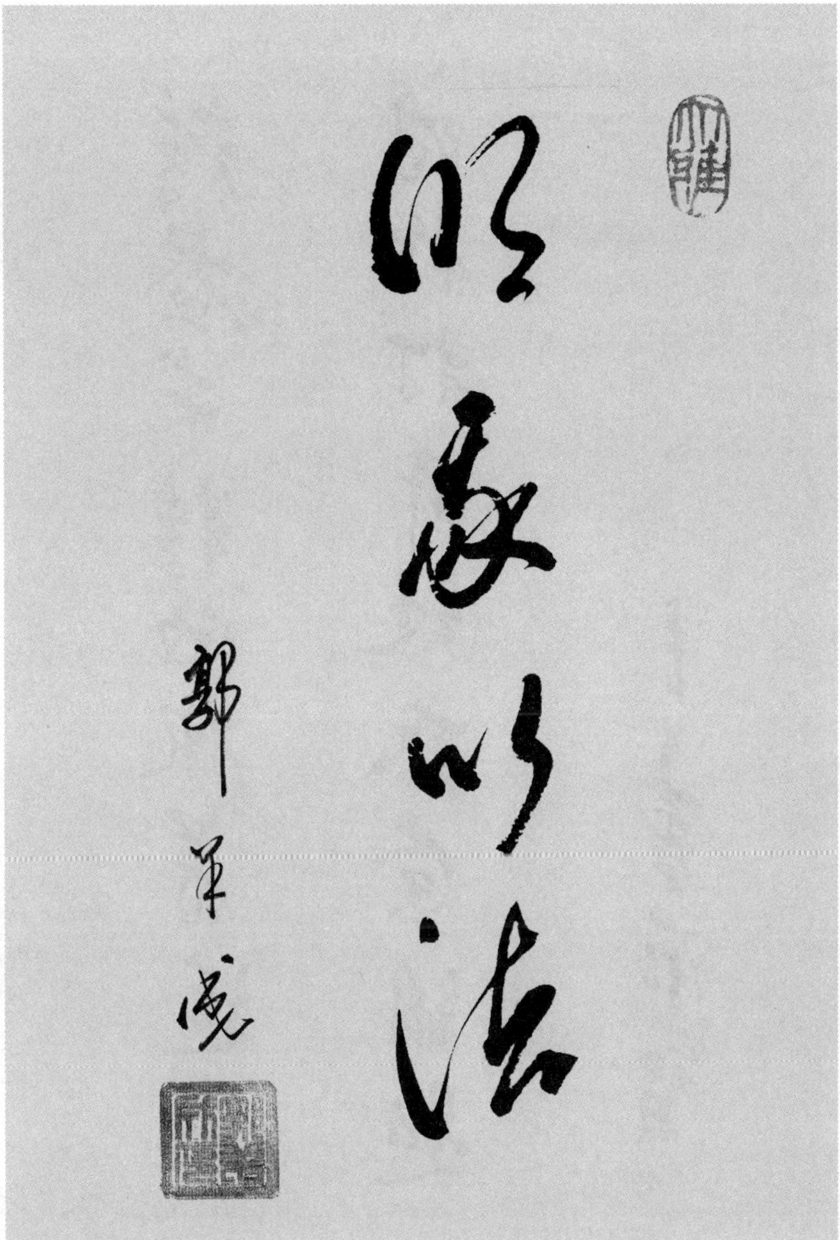

郭羊成，河北省高级人民法院原副院长

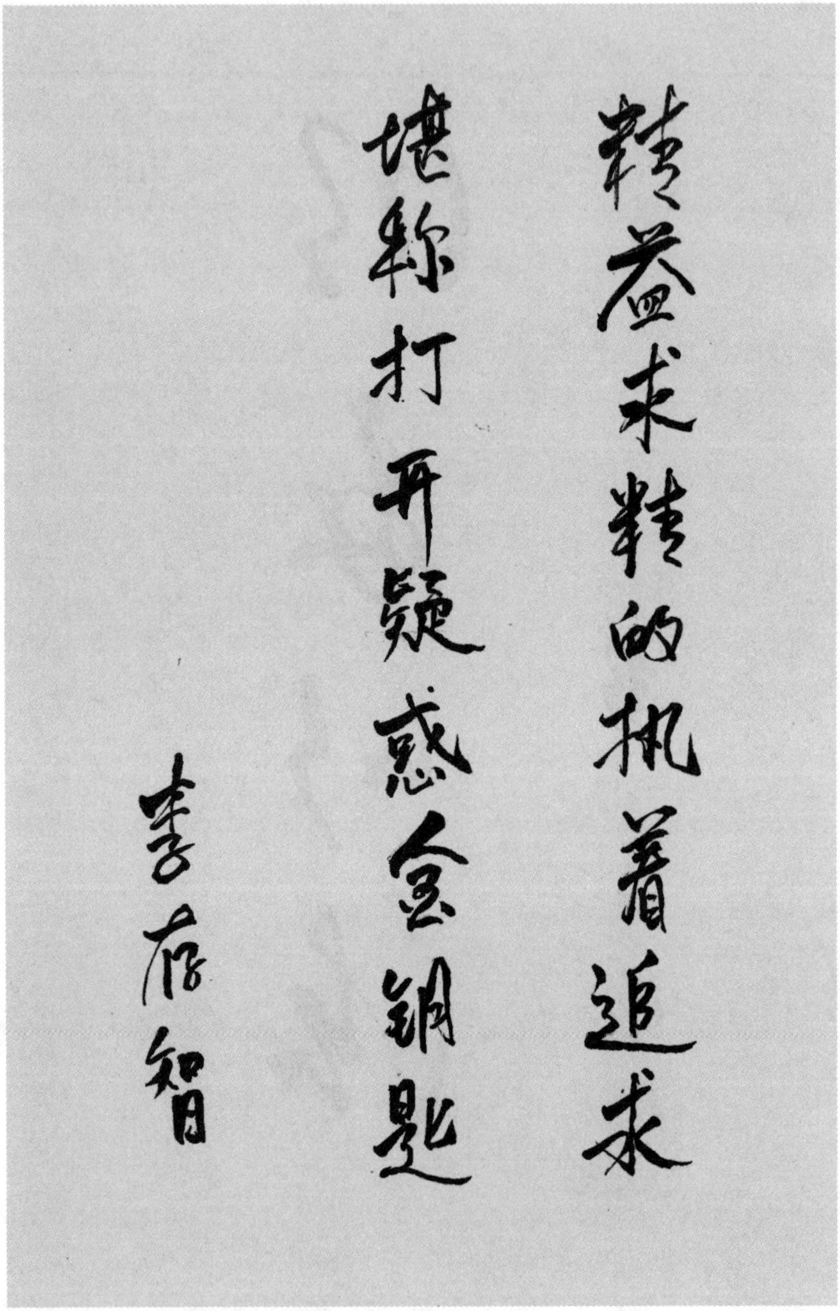

李存智，河北省高级人民法院审判委员会原副厅级专职委员

序

“老有所学，老有所为”，是一种社会倡导。我身边就有这样一位老干部，他“越老越学，越老越为”，他的那种执着精神着实让我感动。最近，又见他的新作，于是有感而发。张恒福同志是栾城县人大原副主任，曾长期担任我县政法部门领导工作。退休后，他仍钟爱政法事业，非但退而不休，反而愈加勤奋，潜心研究法律服务工作，特别是对疑难法律案件，深入研究，颇有见解，收到了良好的法律效果和社会效果，他本人也受到上级或专业部门的高度关注。2004 年 2 月，他受聘为中国行为法学会法联重大疑难案件研究中心法律事务部特邀研究员，2010 年 6 月受聘于区法院特邀调解员，2017 年 3 月 13 日选任石家庄市人民检察院人民监督员，并且登记注册了“栾城区疑难法律案件寻绎中心和良师法律书店”。张恒福同志善于从法律理论的角度去寻找疑难案件的突破口，并且深入思考，举一反三，注重总结，形成了许多具有借鉴意义的法律释稿。他先后出版了《婚姻家庭与继承法律问题系列问答》《民事维权法律手册》等专著，如今又出新书，可喜可贺！目前，我国正处于城镇化发展加快的重要时期，房地产业方兴未艾，张恒福同志着眼实际，紧跟形势，又编著了这部《房地产法律问题答疑解惑》。这部专著涵盖内容广，适用法律多，特别是对房地产遗留问题的处理，时间跨度长，情况很复杂，当事人恼怒，行政主管无奈，成了老大难。对此，张恒福同志凭借强烈的担当意识和执着精神，把一个个案件剖来析去，把一个个法律条文和关系理顺，脉络清晰，查询方便，借鉴实用。相信本书必定会对房地产法律问题的处理起到积极的参考作用和指导意义。祝张老先生身体健康，不断取得新成果！

李雪辉

石家庄市栾城区人大常委会原主任

2017 年 7 月 30 日

前　言

房地产，关乎房地产企业和广大人民群众的切身利益。因此，本书以房地产法律问题为导向，直奔热点，涵盖内容定格在宅基地与土地承包经营相关事宜、不动产确权登记、房地产交易、房屋征收补偿拆迁与安置、历史房地产纠纷处理5篇、12章、271个问题。书稿收笔后，以书面或电子版不同形式分别呈送、请教中共石家庄市栾城区区委书记张旭及栾城区区委常委、政法委书记张庆利，栾城区区委常委、区委办公室主任、农工委书记郝永力，河北省司法厅原厅长、河北省人大内务司法委员会原副主任委员、河北省律师协会会长李益民，河北省高级人民法院原副院长郭羊成，河北省高级人民法院审判委员会原副厅级专职委员李存智，河北省立法研究会常务理事、河北省人大常委会内务司法工作委员会原副主任陈金玉，河北省社科院法学研究所原所长、河北省社科院原秘书长及研究员、河北省燕赵法律专家咨询服务中心主任李学斌，河北经贸大学法学教授康成杰，给予把关指导；石家庄市栾城区人大、法检两院帮助审查；栾城区委区政府相关部门提出建设性意见和建议；以及出版社的精心编排，在此一并表示衷心感谢。本书的突出特点：一是释疑解惑。在大量引用法律、行政法规、司法解释、地方性法规及相关政策的基础上，为增强说理性，还引用了专家法官组的相关解读诠释及专家学者的相关研究成果或论述，让读者知其然更知其所以然。因此，本书具有权威性、实用性。二是内容新颖精准。

本书基本涵盖了房地产疑难法律问题，从理论哲理、实用价值上更有独到之处，将为法学理论研究提供重要参考，更为案件处理、司法实践提供参照依据。三是将如何妥善处理历史遗留房地产问题作为一个专篇编入本书，在适用程序、实体、具体处理依据立法缺失的情况下，着重列明了中共中央、国务院颁布的不同历史阶段的顶层设计及最高司法部门、国家有关部委就贯彻执行顶层设计所制定的司法政策、司法解释、规定等，集中展现在一部著作中，无疑对化解历史遗留问题，打开疑难纠纷之结，促进社会和谐稳定，起到引领作用。总之，一书到手，智慧全有。帮读者精准解决问题，是本人始终如一的出版初衷；读后是否有获得感，是检验本书适用价值的定盘星。鉴于本人水平有限，尽管在对维权维稳传播正能量、精准适用、逻辑思维等方面反复推敲、斟酌，但专著中难免仍会有差错，欢迎各位同仁、读者指正。在编写过程中，本人参考和引用了最高法有关审判庭和专家法官组、法官的一些著述内容，以及专家学者的相关研究成果或论述，在说理上增添了重笔浓墨，在此一并表示衷心感谢！对于被引用了内容但参考文献部分又未逐一列明的作者，本人表示诚挚的歉意，敬请与我及时联系，以确保再版时予以及时修正或补充。相关解答，凡与法律、法规不一致，或者本书稿止笔后另有新规的，应以法律、法规和新的规定为准。

2017 年 7 月 30 日

目　录

第一篇　宅基地与土地承包经营相关事宜

第二篇　不动产确权登记

第三篇 房地产交易

第四篇 房屋征收、补偿、拆迁与安置

第一篇

宅基地与土地承包经营相关事宜

第一章　宅基地

1. 农村居民宅基地的功能是什么?

答：土地，自古以来就是人类生存、生活之本。随着市场经济的发展，城乡一体化建设的快速推进，土地、农村居民宅基地的含金量越来越高，就是源于宅基地的特殊功能。根据《中华人民共和国土地管理法》（以下简称《土地管理法》）第六十二条，2004 年 10 月 21 日国发〔2004〕28 号《国务院关于深化改革严格土地管理的决定》（以下简称国发〔2004〕28 号文件）中的（五）、（十三），2004 年 11 月 2 日国土资发〔2004〕234 号《国土资源部印发〈关于加强农村宅基地管理的意见〉的通知》（以下简称国土资发〔2004〕234 号文件）中的（五）、（六）、（十三）的规定，农村宅基地功能就是为满足农村居民最基本的生存、生活需要所提供的物质保障，宅基地使用权的设置是为了保障农民最基本的居住要求，是一项具有社会保障功能的权利。正因为宅基地使用权无偿取得且仅限于农村集体经济组织成员特定主体身份的特定性，所以更体现了它的福利性、人身依附性。2008 年 12 月 3 日《最高人民法院印发〈关于为推进农村改革发展提供司法保障和法律服务的若干意见〉的通知》（以下简称法发〔2008〕36 号文件）中明确提出："宅基地使用权承载着广大农民居者有其屋的社会功能。"宅基地就是供农村集体经济组织成员建房所用，所以取得宅基地使用权后，就拥有了房屋建造权，进而取得房屋所有权。鉴于宅基地的一次性、面积的局限性，房屋所有人一旦将房屋出卖、出租或赠予他人后是不允许再申请宅基地的。因此，基于宅基地的关联性，农村居民房屋同样具有人身依附性。2017 年中央一号文件第三十条给农村宅基地使用划出新标准。2017 年 2 月 6 日，中央农村工作领导小组副组长、办公室主任唐仁健，在国务院新闻办中央一号文件发布会上表示："今年中央一号文件要求，要认真总结农村宅基地制度改革试点经验，在充分保障农户宅基地用益物权、防止外部资本侵占控制的前提下，落实宅基地集体所有权，维护农户依法取得的宅基地占用和使用权，探索农村集体组织以出租、合作等方式盘活利用空闲农房及宅基地，增加农民财产性收入。这个规定非常重要，在宅基地的盘活利用上，有了一些新的考虑和推进措施。同时还提出了在控制农村建设用地总量、不占用永久基本农田的前提下，盘活农村存量的建设用地，主要是针对新产业、新业态的发展，刚才提到的采取入股联营等方式，可以用于这些产业的发展。……"农业供给侧结构性改革是一个长期的过程，必须守住三条底线：确保粮食生产能力不降低，确保农民增收势头不逆转，确保农村稳定不出问题。

2. 如何界定农村集体经济组织成员资格？

答：集体经济组织成员，由该组织内的农民以集体土地或其他财产为纽带组成，具有依附土地的天然性和农民身份性，因此其加入或退出集体经济组织都与土地和农民身份密不可分。农村宅基地使用权，特别是出嫁妇女土地承包经营权保护、农地征收补偿费分配等问题，已成为影响农村社会稳定的突出问题，在当前国家实行户籍改革、积极推进社会保障体制改革的大环境下，合理界定农村集体经济组织成员资格，对农民基本权利的保护显得尤为重要。但遗憾的是现行国家法律、法规对此尚无明文规定，因此就农村集体经济组织成员资格的界定成为司法难题。在立法缺失又无法回避这一问题情况下，如何界定？有关法律专家学者认为，主要是遵从集体经济组织习惯和合法原则、最高法专家法官著述与主流观点及2015年4月由中国法制出版社出版的第四版《宅基地纠纷适用法律手册》、2017年4月出版发行的贾东明主编的《中华人民共和国民法总则》（以下简称《民法总则》）解释与适用的阐述意见。国家之大，各地农村集体经济组织、成员、资产形成历史和组成不尽相同，因此就上述成员资格的界定，各地做法不一，目前不易由法律对此做出统一规定。根据党中央关于农村集体产权制度改革的意见，应当坚持尊重历史、兼顾现实、程序规范、广大人民群众认可的原则，着眼于我国农村集体经济组织所具有的自然共同体特征，即集体成员多为世代延续的老农户，其所生子女自出生后遵从血脉延续生理传统，其成员资格是依照地域和身份性的自然法则自动取得，除此还有通过婚姻、收养、移民迁入有条件取得的农村集体成员资格。通常以成员权理论为依据，以形成较为固定的生产、生活关系，遵循具有该农村集体经济组织所在地户籍形式要件及是否依附集体经济组织为其提供了赖以生存保障最基本的土地实质要件两个标准，同时坚持一个农民不能同时拥有几个集体经济组织的成员资格，也不能既享受国家又享受集体经济组织双重生存保障二原则。户籍的法律效能是将农民与其所在的农村集体经济组织以法律形式融合在一起，使双方之间权利义务关系得以建立和发展。土地资源是组织成员必需的生活保障。农村集体经济组织成员资格的界定，在无法律遵循的情况下，除上述专家学者主流观点的二标准、二原则通说外，还可以从村民自治的层面来补这一短板，即依照《中华人民共和国村民委员会组织法》第二十四条第九项的规定，由村民会议讨论决定，讨论决定只要不背离现行法律法规即可。面对农村富余劳动力向城市转移的大趋势及土地对一个农民所承载的社会保障功能，协调平衡各方利益，对农村集体成员资格界定需持谨慎态度。

关于集体经济组织的成员资格法律规定或法律解释的期待，根据2005年7月29日最高法有关负责人在公布《最高人民法院关于审理涉及农村土地承包纠纷案件适用法律问题的解释》新闻发布会上的讲话中关于农村集体经济组织成员资格问题，已向立法机关提出建议。在回答记者采访的第二款中讲道，最高法审委会对《最高人民法院关于审理农村土地承包纠纷案件适用法律问题的解释》稿讨论后，认为农村集体经济组织成员资格问题，事关广大农民的基本民事权利，属于《中华人民共和国立法法》（以下简称《立法法》）第四十二条第一项规定的情形，其法律解释权在全国人大常委会，不易通过司法解释对此重大事项进行规定。

3. 女孩出嫁或男孩入赘后，其集体经济组织的成员资格如何界定?

答：该问题要区分两种情形：一是女孩出嫁或男孩入赘、户口迁入，但在新居住地未获得承包地，而在原居住地仍保留赖以生存保障承包地的，如果该承包地被征收，按照最高法专家法官著述与主流观点，其本人可以获得土地承包经营权补偿，但不能获得作为集体经济组织成员所享有的土地补偿费。二是如果女孩出嫁或男孩入赘后，一直在婆家或入赘家生活，依照《婚姻法》的相关规定，实际上已成为新家庭的成员。在这种情况下，为其婆家、入赘家提供最基本生存保障土地的是婆家或入赘家所在集体组织，而不再是出嫁或入赘前所在的集体经济组织，按照户籍形式和土地生存保障实质二要件，应界定女孩系婆家、男孩系入赘家所在集体经济组织成员，而不再是原所在集体经济组织成员。实践中，村集体经济组织对这类情况也通常予以认可。如果婆家或入赘家所在集体经济组织土地被征收，其可以作为该集体经济组织成员主张土地补偿款分配；离婚后，户口迁出无论女孩回到娘家或入赘男孩回到其老家，集体经济组织成员资格的界定同本题上述第一种情况。

4. 农村子女考入大学或入伍后，是否还拥有原集体经济组织成员资格？

答：参照法律专家、学者的社会通说，上述人员仍然拥有原集体经济组织成员资格的答案是正确的。农村子女考入大学或入伍后，虽将户口迁出，暂时离开了原所在的农村集体，即使入学者学业完成被录用为公务员，参军者转为义务兵中的初级士官，但在国家为其提供最基本生存保障之前，其生存所依赖的仍然是原集体提供的土地，不可以因为他们户口暂时不在原农村集体而剥夺他们享有原农村集体成员资格的权利。

5. 外出务工、经商人员的集体成员资格该如何界定？

答：外出务工、经商人员，因维持家庭生活需要，虽暂时离开了农村集体，但并未脱离集体为其生存提供的土地保障，这是界定一个农村集体经济组织成员资格的实质要件。因此，按照最高法专家法官著述与主流观点，他们仍然是该农村集体经济组织成员。农村服刑人员集体经济组织成员资格的界定与上述相同。

6. 回到原籍的退休人员是否拥有该集体经济组织成员资格？

答：退休人员离开本土在外辛苦奋斗几十年，但退休后仍放不下乡亲们的情怀，遵循叶落归根的风俗，不少退养人员回到原籍农村安度晚年。他们回到的是曾生其养其的原集体，而且迁入了户口，那么这类人员是否拥有了该集体的成员资格呢？按照最高法专家法官著述与主流观点，他们虽符合界定集体成员资格的户口形式要件，但因他们已享受国家为其提供的养老保险待遇，并未依赖村集体土地这个基本生存保障的实质要件，因此这类人员不拥有该集体经济组织的成员资格，对该集体财产不具有共同支配、共同管理、共同收益的权利。

7. 挂靠户口人员的成员资格如何界定？

答：在现实生活中有这种情况，出于经济利益或其他原因的需要，仅把户口挂靠在原本与自己家庭繁衍毫无关联的一个农村集体，有些人与该集体其他成员从未形成过固定、紧密等延续性的联系，挂靠的只是户口，其人实际并不真的要在该集体经济组织从事具体的生产、生活，也不需要该集体经济组织为其提供最基本生存的土地保障。鉴于此，按照最高法专家法官著述与主流观点，对这类人员不能界定其拥有被挂户口集体经济组织的成员资格。

8. 农民一户可拥有几处宅基地？

答：根据《土地管理法》第六十二条、国土资发〔2004〕234号文件第二条第五项的规定，农村村民一户只可拥有一处宅基地，而且面积不可超过本省、自治区、直辖市规定的标准。上述的一处是指“一整块地”，而不是分布于村集体土地范围内不同地点的两处或两处以上的地块。不同地点的两处宅基地就不是上述所指的一处宅基地了。上述的一户是指“户口本登记的一个家庭”，家庭子女成年后，如果同挤在一处宅基地上不够用或分开过日子居无定所的，是完全可以另行申请宅基地的。

关于河北省宅基地标准，依据的是2002年5月13日《河北省农村宅基地管理办法》（河北省人民政府令〔2002〕第7号）（以下简称河北省人民政府令〔2002〕第7号）第十三条的规定：“（一）人均耕地不足一千平方米的平原或者山区县（市），每处宅基地不得超过二百平方米；（二）人均耕地一千平方米以上的平原或者山区县（市），每处宅基地不得超过二百三十三平方米；（三）坝上地区，每处宅基地不得超过四百六十七平方米。县（市）人民政府可以根据当地的实际情况，在前款规定的限额内规定农村宅基地的具体标准。”

9. 申请宅基地是否有面积限制？

答：有面积限制。依照《土地管理法》第六十二条、国土资发〔2004〕234号文件第二条第五项的规定，农村村民一户只可拥有一处宅基地，而且面积不可超过本省、自治区、直辖市规定的标准。河北省农村宅基地标准，河北省人民政府令〔2002〕第7号第十三条已做出了具体规定（鉴于上题中已有表述，本题不再重复）。另外，在面积限制上，河北省人民政府令〔2002〕第7号第九条第二项还规定："原有宅基地的面积已经达到规定标准或者能够解决分户需要的，不予批准使用宅基地。"

10. 哪些人可以申请农村宅基地?

答：依照《土地管理法》第六十二条"农村村民一户只能拥有一处宅基地"的规定，不难理解为能够申请农村宅基地的只能是本村集体经济组织的农户，非本村集体经济组织农户或城镇居民则不可以申请农村宅基地，这是必须遵循的基本原则。在这一原则下，依照2005年5月27日河北省第十届人民代表大会常务委员会第十五次会议《关于修改〈河北省土地管理条例〉的决定》第五次修正（以下简称《河北省土地管理条例》）第五十三条、河北省人民政府令〔2002〕第7号第七条的规定，符合下列情形之一的可以申请宅基地："（一）农村村民因子女结婚等原因确需分户，缺少宅基地的；（二）外来人口落户本村，成为本集体经济组织成员，没有宅基地的；（三）农村居民户除身边留有一子女外，其他子女男到女方落户或女到男方落户，确需另立门户的；（四）农村就居民户人口超过本村居民人口平均数一倍，缺少宅基地的；（五）集体经济组织招聘的技术人员要求在当地落户的；（六）回乡落户的离休、退休、退职、退伍的干部、职工、军人，确实无房居住的；（七）回乡定居的华侨、港澳台同胞。（八）因发生或防御自然灾害、实施村庄和集镇规划及进行乡（镇）村公共设施和公益事业建设，需要搬迁的。"

国家干部、职工的直系亲属是农村户口，干部、职工本人长期与其一起居住的，可随其直系亲属申请宅基地。

11. 哪些人不被批给宅基地?

答：依照《土地管理法》第六十二条、《河北省土地管理条例》第五十四条、河北省人民政府令〔2002〕第7号第九条的规定，农村村民申请宅基地有下列情形之一的，不予批准：“（一）年龄未满18周岁的；（二）男到女方或女到男方落户，一方已立门户的；（三）原有宅基地面积已经达到规定标准或能够解决分户需要的；（四）出卖或出租村内住房的；（五）将住宅改为经营场所的。”

12. 收回宅基地使用权的法定情形有哪些?

答：依照河北省人民政府令〔2002〕第7号第十二条、《河北省土地管理条例》第五十五条的规定，具有下列法定情形之一的，由该村民委员会向乡（镇）土地管理机构提出申请，经县（市）土地行政主管部门审查，县（市）人民政府批准后，可以收回宅基地使用权：（一）为实施村庄和集镇规划进行旧村改造需要调整的宅基地；（二）为进行乡（镇）村公共设施和公益事业建设需要占用的宅基地；（三）农村村民一户一处之外的宅基地；（四）多余宅基地上的房屋损坏不能利用的，必须退出宅基地；（五）农村五保户腾出的宅基地；（六）自依法批准之日起连续两年未按照批准的用途使用的宅基地；（七）县（市）人民政府规定应当收回的其他宅基地。因第一项、第二项、第三项规定收回宅基地使用权的，村民委员会根据地上附着物的评估价格对原宅基地使用权人给予适当补偿。

13. 宅基地使用权消灭的原因有哪些?

答：农村宅基地使用权因下列原因而消灭：一是根据《土地管理法》第六十五条第一款、河北省人民政府令〔2002〕第7号第十二条的规定，土地所有权人根据乡镇或乡村原发展规划，可以收回或调整宅基地，导致宅基地使用权消灭，收回宅基地的同时，应当另行批准相应的宅基地使用权；二是国家为了社会公共利益的需要，可以依法征收农民宅基地，并且要对宅基地上的建筑物给予相应的经济补偿，宅基地被征收后原宅基地使用权消灭。被征收的宅基地使用权人可以申请重新给予相应的宅基地使用权；三是依据1995 年 3 月 11 日国家土地管理局《关于印发〈确定土地所有权和使用权的若干规定〉的通知》（以下简称〔1995〕国土籍字第 26 号文件）、2010 年 12 月 3 日修改的《确定土地所有权和使用权的若干规定》第五十二条、河北省人民政府令〔2002〕第 7 号第十二条第五项的规定，空闲或房屋坍塌、拆除两年以上未恢复使用的宅基地，自依法批准之日起连续两年未按照批准的用途使用宅基地等，不确定土地使用权。已经确定使用权的，由集体报经县级人民政府批准注销其土地登记。在此情况下，宅基地所有权人有权收回宅基地，进而导致宅基地使用权消灭；四是依照《中华人民共和国物权法》（以下简称《物权法》）第一百五十四条的规定，宅基地因自然灾害等原因灭失的，宅基地使用权消灭。对失去宅基地的村民，应当重新分配宅基地。

14. 一户村民因继承等原因形成两处以上宅基地，多余的宅基地还可以继续合法占有吗？

答：多余的宅基地无权继续占有，应退回宅基地所有权人。其理由：一是不符合一户一宅，而且宅基地面积不得超过省、自治区、直辖市规定的标准。因此依照《土地管理法》第六十二条、2010 年 3 月 2 日《国土资源部关于进一步完善农村宅基地管理制度切实维护农民权益的通知》（以下简称国土资发〔2010〕28 号文件）第二条第四项、河北省人民政府令〔2002〕第 7 号第十四条的规定，多余的宅基地应当转让，受让住宅的村民必须符合申请宅基地的条件，而且受让人必须自宅基地使用权变更之日起 30 日内，向县（市）土地行政主管部门申请办理集体土地使用权登记，由县（市）人民政府颁发《集体土地使用证》；二是国土资发〔2010〕28 号文件第四条第十四项中明确指出，对一户违法占有两处宅基地的，核实后应收回一处。

15. 村民对批新腾旧的旧宅基地还拥有使用权吗?

答：村民获得批给的新宅基地后，腾出的旧宅基地已不再拥有使用权是毋庸置疑的。其主要原因：一是依照《土地管理法》第六十二条、国土资发〔2010〕28号文件第二条第四项，“农村村民一户只能拥有一处宅基地，而且不得超过省、自治区、直辖市规定的标准”的规定，一农户同时享有两处宅基地使用权，或者即便宅基地块数不超但面积超标，均有违法律强制性规定。二是依照国土资源部国土资发〔2004〕234号文件第三条第十项的规定，既然以合同的方式确立了批新腾旧双方的权利与义务，新建住宅后将旧宅基地交回村集体是当事人的一项合同义务。三是村委会基于集体利益需要，对妨碍本村规划建设的个别农户，批给该农户一块新宅基地，是基于交回旧宅基地为条件的双务合同关系，依照《中华人民共和国合同法》（以下简称《合同法》）第四十五条、第六十条的规定，村委会与农户间的腾旧批新关系是双务合同，也是附条件的合同关系，双方应当按照约定全面履行各自的义务。村委会不批给该农户对等新宅基地，条件没成就，合同没生效，农户对旧宅基地仍享有使用权，如果先义务人村委会已先履行了批给新宅基地的合同义务，而后义务人农户以不交或交回后仍然占有的，就构成为自己利益不正当地阻止条件成就，视为条件已成就，不再享有对旧宅基地的使用权。农户的不交回旧宅基行为构成违约，依照《合同法》第一百零七条的规定，承担继续履行或赔偿损失等违约责任。未经批准或采取其他不正当手段抢占集体土地，构成非法占地行为，将受到法律制裁。

16. 宅基地能否继承?

答：严格地讲，宅基地是不可以继承的。其主要原因：一是农村宅基地使用权具有极强的人身依附性，其取得的前提是必须具有本村集体经济组织成员资格，经济组织成员资格因村民死亡而丧失。依照《中华人民共和国继承法》（以下简称《继承法》）第三条“遗产是公民死亡时遗留的个人合法财产”，《土地管理法》第八条“农村和城市郊区的土地，除由法律规定属于国家所有的以外，属于农民集体所有”、第九条“国有土地和农民集体所有的土地，可以依法确定给单位或者个人使用”的规定，鉴于农户对宅基地仅有“使用权”而无“所有权”的法律属性，显然宅基地使用权不是村民死亡时遗留下来的个人合法财产，不符合遗产上的法定性，在不同农民个体之间不产生流转。二是宅基地是农民安身之本，具有社会保障功能，如果可以继承，将导致一个农户宅基地的无限扩大，有违《土地管理法》“村民一户只能拥有一处宅基地”和各省、自治区、直辖市宅基地面积限额的规定。因此，从法律上讲，宅基地使用权是不可以继承的。

依照《继承法》第三条第二项的规定，宅基地上的房屋属于死亡村民的合法遗产，继承人是有权继承的。就宅基地使用权而言，根据 2011 年 11 月 13 日《国土资源部、中央农村工作领导小组办公室、财政部、农业部关于农村集体土地确权登记发证的若干意见》第六条、1995 年 12 月 3 日修改的〔1995〕国土籍字第 26 号文件第四十九条，继承房屋取得的宅基地，可确定集体土地建设用地使用权”的规定，继承人对继承宅基地上的房屋在不拆除的情况下，会一并导致其对房屋所依附的宅基地的延续使用。也就是说，只要继承人占用、保留继承的房屋，可按规定登记，并且在《集体土地使用证》记事栏应注记该权利人为本农民集体原成员住宅的合法继承人。非农业户口居民（含华侨）原在农村合法取得的宅基地及房屋，房屋产权没有变化的，经该农民集体出具证明并公告无异议的，可依法办理土地登记，在《集体土地使用证》记事栏应注记该权利人为非本农民集体成员。若原房屋坍塌或拆除后未批准重建，单纯留有宅基地，因有违一户一宅和非农民集体成员的法律规定，对该宅基地，村集体经济组织将会依法收回；若想转让，依照2008年7月1日《房屋登记办法》（以下简称建设部令〔2008〕168号）第八十三条第六项、第八十七条的规定，只能转让给本集体经济组织且符合申请宅基地的成员，如果将房屋转让给本集体经济组织以外的人，鉴于买受人不具有该宅基地使用权，因此只能继承房屋，有权将受让的房屋进行处理。

17. 转为城镇户口的农村居民对原宅基地是否还拥有使用权?

答：根据〔1995〕国土籍字第26号文件第四十八条的规定，非农业户口居民（含华侨）原在农村的宅基地，原宅基地上的房屋依然存在且产权未变，那么对此可依法确定为集体建设用地使用权，其在原有宅基地范围内的使用权不变。倘若仅有空闲宅基地，或房屋坍塌、拆除两年以上未恢复使用的宅基地，或没有被批准重建的，土地使用权由集体收回。已确定土地使用权的，由集体经济组织报经县级人民政府批准，注销其土地登记并收回。

18. 农民可不可以自行在自己的承包地上建住宅?

答：农村集体经济组织发包给农民经营的土地，双方都签有书面承包合同，为保护耕地，依照《土地管理法》第十四条的规定，农民集体所有的土地由本集体经济组织成员承包经营，从事种植业、林业、畜牧业、渔业生产。显然，自行在自己的承包地上建住宅，是法律明令禁止的。农村土地属于集体经济组织所有，农民承包的集体土地只有经营权并无所有权，在承包经营期间，必须按照合同的约定使用土地；需要建住宅，必须符合申请宅基地使用权的条件和农村规划；涉及改变土地用途的，依照《土地管理法》第四十四条的规定，办理农用地转用审批。未经批准在承包地上建住宅既违约也违法，依照《土地管理法》第七十六条、第七十七条的规定，县级以上人民政府土地行政管理部门将责令限期拆除，恢复土地原状。对符合土地利用总体规划的，没收在承包地上的建筑物和其他设施，可并处罚款。

19. 村民之间互换房屋后所依附的宅基地使用权成立吗？

答：村民之间处于各种原因互换房屋，虽是对自己民事权利的一种自行处分行为，但有违国务院令第256号《中华人民共和国土地管理法实施条例》（以下简称《土地管理法实施条例》）第六条、2007年12月30日国土资源部令第40号《土地登记办法》第四十条规定的，即因依法转让，如买卖、交换、赠予地上建筑物、构筑物等附着物导致土地使用权转移的，当事人必须持原土地权利证书、变更后的房屋所有权证书及土地使用权发生转移的相关证明材料，向土地所在地的县级以上人民政府土地行政主管部门提出土地使用权变更登记申请，由原土地登记机构依法进行土地所有权、使用权变更登记。土地所有权、使用权的变更，自变更登记之日起生效。涉及划拨土地使用权转移的，当事人还应当提供有批准权的人民政府的批准文件，由原土地登记机关依法进行土地所有权、使用权变更登记。因此，互换房屋所依附的宅基地使用权因未经变更登记而无效。要想使互换房屋所依附的宅基地使用权成立，就要向政府土地管理部门办理宅基地使用权变更登记手续。换个角度，即便从契约关系上讲，上述互换房屋协议依照《合同法》第四十五条第一款的规定，属于附条件合同，只有所附办理房屋所有权及其所依附宅基地使用权变更登记手续的条件成就，合同才能生效。否则，在村民之间擅自互换房屋而未办宅基地使用权变更登记手续的情况下，也因生效条件未成就，宅基地使用权同样不能成立。

非同一个经济组织成员之间互换宅基地行为，根据《土地管理法》第八条的规定，鉴于农村土地归本集体经济组织成员共同所有，本经济组织以外的人，不享有其他经济组织的土地使用权。依照国土资源部令第40号第四十条、建设部令〔2008〕第168号第八十七条的规定，除法律另有规定的外，非本村村民办理他村宅基地变更登记手续是难以获得支持的。

20. 土地证能否作为确认不动产权属的唯一证据？

答：鉴于土地资源不可再生，国家划定了土地红线从严控制，党中央、国务院从战略高度重视农业、农村工作，极大地激发了农民种粮、珍惜土地的积极性，城镇一体化建设、美丽乡村全覆盖，更激发了农民对土地的依赖性。正因为如此，宅基地诉争成为当前一个家事和相邻关系中的重头戏，由于《物权法》第十七条的规定过于原则，给如何理解与适用带来了差异，不但该类案件呈上升势头，而且难以案结事了，已影响到社会的和谐与稳定。最高法为统一《物权法》的理解与适用，于2016年2月22日及时以法释〔2016〕5号出台了《关于适用〈中华人民共和国物权法〉若干问题的解释（一）》（以下简称法释〔2016〕5号文件）。依照该解释第二条、第三条的规定，土地证不能作为确认不动产权属的唯一证据。其主要原因：一是不动产权属证书只是物权外在表现形式，是记载一定法律事实或法律行为的文书，其作用仅证明这种法律事实或法律行为曾经发生和登记行为完成，依照《物权法》第十七条的规定，不动产权属证书是权利人享有该不动产物权的证明。它并不具有代表不动产物权的功能，并不具有绝对的证明效力。二是土地证书、土地登记簿，虽都具有证据资格，但登记簿优于登记证书的效力，交易实践中的登记证书只起到初步的证明作用，依照上述法条的规定，登记证书与登记簿记载的事项不一致时，除有证据证明不动产登记簿确有错误外，司法部门将以不动产登记簿记载为准，以维护登记制度的公信力。这种效力只是法律上的“推定”，并非绝对“真正”。也就是说，并不等于登记簿记载的事项就必定是真实的。是否真实，需要司法部门依照“不动产登记的权利推定规则”去判定，在当事人有相反证据时，是完全可以推翻这种推定，从而维护事实上的“真实”。权利人认为不动产登记簿的记载与真实权利状态不符，依照《物权法》第十九条的规定，完全可以向原登记机构申请更正登记。不动产登记簿记载的权利人书面同意更正或有证据证明登记有错误的，登记机构应当予以更正。不动产登记簿记载的权利人不同意更正的，利害关系人可以申请异议登记。登记机构予以异议登记的，申请人在异议登记之日起 15 日内不起诉，异议登记失效；失效后，当事人提起民事诉讼、请求确认物权归属的，应当依法受理。异议登记失效不影响法院对案件的实体审理。异议登记不当，造成权利人损害的，权利人可以向申请人请求损害赔偿。

21. 当事人就房产证争议的官司如何打？

答：房屋是人们赖以生存的基本条件，是每个普通家庭的最重要财产。对此，每个人不可能不珍惜，特别是当前普遍房价居高不下使普通民众难以承受的情况下，更是倍加珍惜。但在现实生活中，有的人为得到一处房产，置亲情与法律而不顾，采取了一些不正当甚至非法手段，如房产原本就是父母的，而且登记在父母名下，后来与其分开居住的儿子发现原本登记在父母名下的房产却变成了随同父母一起居住的另一名儿子名下；再如，有的人为将兄弟姐妹共有的一处房产弄到手，竟不择手段地提供虚假证明，骗得房地产登记部门变更登记在自己一人名下。针对上述不动产权证发生的争议，真正权利人到底是通过行政还是民事诉讼程序去行使自己的诉讼权利呢？根据《物权法》第九条的规定，不动产物权的设立、变更、转让和消灭，显然是以不动产物权登记生效为不动产物权变动原则，未依法登记的不产生法律效力。物权变动的公示规则的重要意义在于推定物权的归属。登记的不动产物权权利人，即使事实上不是真正的权利人，在法律上仍推定为真正的权利人，这就意味着产权登记是不动产物权变动的生效要件。但登记行为是由相关行政机构依职权做出对当事人提交书面材料的审查，产权登记部门主要还是形式上的审查，所以保证不了登记内容与客观真实权利的归属绝对一致。面对上述情况，真正权利人如何维权呢？上述说到的两个儿子的父母房产产权之争，属于房屋权属争议，需要确权，依照法释〔2016〕5号文件第一条、第二条的规定，提起民事确权之诉。上述提供虚假证明骗取房地产登记部门的变更登记，鉴于登记机构未及时更正自己的错误登记行为，因此权利人可以直接提起行政诉讼，请求撤销错误的产权登记证书，将房屋产权变更到真实权利人名下。总之，房屋权属争议打民事官司；权属无争议，只是认为房产登记行为违法或不作为，如登记机构无正当理由拒绝办理登记，登记内容与证明材料不符，登记所依据的材料无效或违法等，打行政官司。

22. 违法占地行为的种类及处罚有哪些？

答：所谓违法占地行为，是说行为人违反土地管理法律、法规规定，未经批准或骗取批准、破坏耕地、非法批地等而非法占用土地的行为。违法占地行为的外在表现种类繁多，现就实践中几个常见主要违法行为种类及应受到的处罚列举如下：

（1）非法占地行为：①违反《土地管理法》第四十四条第一款之规定，建设占用农用地，未办理农用地转用手续的。②违反《土地管理法》第五十九条、第六十条、第六十一条之规定，乡镇企业、乡（镇）村公共设施、公益事业、农村村民住宅等乡（镇）村建设用地不符合村庄和集镇规划、合理布局、综合开发、配套建设；乡（镇）土地利用年度计划并未办审批手续占用土地的；农村集体经济组织使用未经批准的乡（镇）土地利用总体规划确定的建设用地兴办企业或与其他单位、个人以土地使用权、入股、联营等形式共同兴办企业的。③违反《土地管理法》第五十三条规定，经批准的建设项目使用未经批准的国有建设用地的。④违反《土地管理法》第五十七条、2005 年 5 月 27 日河北省人大常委会第 44 号公告的《河北省土地管理条例》（以下简称《河北省土地管理条例》）第五十六条之规定，建设项目施工和地质勘查未经批准临时使用国有、农村集体所有土地的，违反约定土地用途或建设永久性建筑的，使用期超过两年的。⑤违反《土地管理法》第七十六条、第七十七条和《河北省土地管理条例》第六十七条之规定，未经批准或采取欺骗手段骗取批准，非法占用土地，非法占用土地建住宅或超过市、县人民政府依法批准的面积多占土地建住宅行为。

非法占地行为应承担的法律责任：①农村村民未经批准或采取欺骗手段骗取批准，非法占地建住宅的，依照《土地管理法》第七十七条的规定，由县级以上人民政府土地行政主管部门责令退还非法占用的土地，限期拆除在非法占用的土地上新建的房屋。②对其他未经批准或采取欺骗手段骗取批准，非法占用土地的，依照《土地管理法》第七十六条、《土地管理法实施条例》第四十二条、《河北省土地管理条例》第六十六条之规定，由县级以上人民政府土地行政主管部门责令退还非法占用的土地；对违反土地利用总体规划擅自将农用地改为建设用地的，限期拆除在非法占用的土地上新建的建筑物和其他设施，恢复土地原状；对符合土地利用总体规划的，没收在非法占用的土地上新建的建筑物和其他设施，可以并处罚款，罚款额为非法占用土地每平方米 10 元以上 30 元以下；对非法占用土地单位直接负责的主管人员和其他直接责任人员依法给予行政处分；构成犯罪的，依法追究刑事责任。③非法占用、买卖或以其他形式非法出让、转让土地使用权涉及中共党员的，依照《中国共产党纪律处分条例》第一百零九条的规定，情节较轻的，给予警告或严重警告处分；情节较重的，给予撤销党内职务或留党察看处分。④违反土地管理法规，非法占用耕地、林地等农用地，改变被占用土地用途，数量较大，造成耕地、林地等农用地大量毁坏的，依照《土地管理法》第七十六条、2015年《中华人民共和国刑法》（以下简称《刑法》）第三百四十二条，处五年以下有期徒刑或拘役，并处或单处罚金。⑤未经批准或采取欺骗手段骗取批准，或超过批准数量占用基本农田的，依照2014年《河北省基本农田保护条例》第二十一条的规定，由县级以上人民政府土地行政主管部门责令退还非法占用的基本农田，限期拆除在非法占用的基本农田上新建的建筑物和其他设施，恢复基本农田原状，并处非法占用基本农田每平方米20元以上30元以下的罚款；构成犯罪的，依法追究刑事责任。⑥以牟利为目的，违反土地管理法规，非法转让、倒卖基本农田5亩（约3333.3平方米）以上；基本农田以外的耕地10亩（约6666.7平方米）以上；其他土地20亩（约13333.3平方米）以上；非法获利50万元以上；非法转让、倒卖土地接近上述数量标准并具有其他恶劣情节的，依照2000年6月16日最高法公布的《关于审理破坏土地资源刑事案件具体应用法律若干问题的解释》（以下简称法释〔2000〕14号文件）第一条第一项、第二项，2005年12月26日公布的《最高人民法院关于审理破坏林地资源刑事案件具体应用法律若干问题的解释》（以下简称法释〔2005〕15号文件）第一条的规定，属于"情节严重"，依照《刑法》第二百二十八条的规定，以非法转让、倒卖土地使用权罪定罪处罚；非法转让、倒卖基本农田以外的耕地10亩以上的单位有前款所列行为的，对主要责任者和其他直接责任人员，依照前款规定处理。⑦非法占用林地，改变被占用林地用途，在非法占用的林地实施建窑、建坟、建房、挖沙、采石、采矿、取土、种植农作物、堆放或排泄废弃物等行为或进行其他非林业生产建设，造成林地的原有植被或林业种植条件严重毁坏或严重污染，并且具有下列情形之一的，属于《中华人民共和国刑法修正案（二）》规定的"数量较大，造成林地大量毁坏”，应当以非法占用农用地罪判处五年以下有期徒刑或拘役，并处或单处罚金：一是非法占用并毁坏防护林地、特种用途林地数量分别或合计达到五亩以上；二是非法占用并毁坏其他林地数量达到十亩以上；三是非法占用并毁坏本条第一项、第二项规定的林地，数量分别达到相应规定的数量标准的百分之五十以上；四是非法占用并毁坏本条第一项、第二项规定的林地，其中一项数量达到相应规定的数量标准的百分之五十以上，而且两项数量合计达到该项规定的数量标准。

（2）破坏耕地行为：所谓破坏耕地行为，是指非法占用或使用耕地并改变土地用途，破坏了土地耕作层，导致耕地种植条件恶化或丧失复耕条件的行为。①违反《土地管理法》第三十六条第二款、第七十四条，《河北省土地管理条例》第二十七条的规定，占用耕地建窑、建坟或擅自在耕地上建房、挖沙、采石、采矿、取土等，破坏种植条件的，或者因开发土地造成土地荒漠化、盐渍化的。②违反《土地管理法》第三十六条第三款、2004 年 3 月 20 日《国务院关于坚决制止占用基本农田进行植树等行为的紧急通知》（国发明电〔2004〕1 号）第一条规定——“禁止占用基本农田发展林果业和挖塘养鱼；不准占用基本农田进行植树造林、发展林果业和搞林粮间作及超标准建设农田林网；不准以农业结构调整为名在基本农田内挖塘养鱼、建设用于畜禽养殖的建筑物等严重破坏耕作层的生产经营活动”的。③违反 2001 年 1 月 8 日国务院修订 1998 年 12 月 27 日国务院令第 257 号《基本农田保护条例》第十七条规定——“禁止任何单位和个人在基本农田保护区内，堆放固体废弃物或者进行其他破坏基本农田的活动”的。

破坏耕地行为应承担的法律责任：①依照《土地管理法》第七十四条、《土地管理法实施条例》第四十条、《河北省土地管理条例》第六十三条、《基本农田保护条例》第三十三条的规定，由县级以上人民政府土地行政主管部门责令限期改正或治理，恢复原种植条件，可以并处占用基本农田的耕地开垦费的一倍以上二倍以下罚款；构成犯罪的，依法追究刑事责任。②根据《土地管理法》第七十四条、《基本农田保护条例》第三十三条、《刑法》第三百四十二条、法释〔2000〕14号文件第三条第二项、《土地管理法实施条例》第三十三条的规定，依照《土地管理法》第七十二条规定的行政处分，由责令做出行政处罚决定或直接给予行政处罚决定的上级人民政府土地行政主管部门做出。对于警告、记过、记大过的行政处分决定，上级土地行政主管部门可以直接做出；对于降级、撤职、开除的行政处分决定，上级土地行政主管部门应当按照国家有关人事管理权限和处理程序的规定，向有关机关提出行政处分建议，由有关机关依法处理；依照《土地管理法》应当给予行政处罚，而有关土地行政主管部门不给予行政处罚的，上级人民政府土地行政主管部门有权责令有关土地行政主管部门做出行政处罚决定或直接给予行政处罚，并且给予有关土地行政主管部门的负责人行政处分。③破坏种植条件的，或者因开发土地造成土地荒漠化、盐渍化的，构成犯罪的，依法追究刑事责任。④非法占用耕地改作他用，数量较大，造成耕地大量毁坏的，依照《刑法》第三百四十二条的规定，以非法占用耕地罪处罚。其中，非法占用耕地“数量较大”，是指非法占用基本农田5亩以上或非法占用基本农田以外的耕地10亩以上。非法占用耕地“造成耕地大量毁坏”，是指行为人非法占用耕地建窑、建坟、建房、挖沙、采石、采矿、取土、堆放固体废弃物或进行其他非农业建设，造成基本农田5亩以上或基本农田以外的耕地10亩以上种植条件严重毁坏或严重污染。

（3）非法转让土地行为：非法转让土地行为，是指违反土地管理法律法规的规定，以盈利为目的，永久性或在一定期限内将土地所有权、使用权等权利全部或部分转让给他人的行为。①违反《土地管理法》第四十四条第一款、第五十三条、第五十七条第一款、第五十九条、第六十条、第六十一条，河北省人民政府令〔2002〕第7号第五十六条规定，未办理农用地转用审批的建设用地行为；未经审批的国有建设用地行为；使用未经批准的临时用地行为；未办理批准手续的乡村建设用地行为；农村集体经济组织未办理批准手续使用乡（镇）土地利用总体规划确定的建设土地兴办企业，或者与其他单位、个人以土地使用权入股、联营等形式共同举办企业的行为；乡（镇）村公共设施、公益事业建设未办理批准手续使用土地的行为。②违反《土地管理法》第七十六条第一款、河北省人民政府令〔2002〕第7号第五十六条的规定，未经批准或采取欺骗手段骗取批准占用土地的行为。③违反《土地管理法》第七十六条第二款的规定，超批准数量占用土地进行非农业建设的行为。④违反《土地管理法》第七十八条第一款规定，应依法收回非法占用的土地，而当事人拒不归还的行为。⑤违反《土地管理法实施条例》第十七条第一款、第三十四条规定，在土地利用总体规划确定的禁止开垦区内进行开垦的行为。⑥违反《土地管理法》第六十二条、第七十七条，国土资发〔2010〕28号文件第四项第十四目，河北省人民政府令〔2002〕第7号第六十七条规定，非法占地建住宅的行为。⑦违反《国务院办公厅关于严格执行有关农村集体建设用地法律和政策的通知》（以下简称国办发〔2007〕71号文件）第四条，2006年8月31日《国务院加强土地调控有关问题的通知》（国发〔2006〕31号）第六条、第七条第二款，《国土资源部关于制止以租代征违法、违规用地行为的紧急通知》（以下简称国土资发〔2005〕166号文件）第二条规定，单位和个人擅自通过以租代征等方式将农村土地用于非农业建设的行为。

非法转让土地行为应承担的法律责任：①擅自将农民集体所有的土地的使用权出让、转让或出租用于非农业建设的行为，依照

《土地管理法》第六十三条、第八十一条，《土地管理法实施条例》第三十九条，国土资发〔2005〕166号文件第二条的规定，由县级以上人民政府土地行政主管部门责令限期改正，没收非法所得，并且处非法所得百分之五以上百分之二十以下罚款；对擅自通过出让、转让或出租等方式将农民集体土地用于非农业建设的单位和个人应依据《土地管理法》第七十六条、第八十一条的规定追究法律责任；对非法批准“以租代征”项目的国家机关工作人员，依照《土地管理法》第七十八条、《监察部国土资源部关于违反土地管理规定行为行政处分暂行办法》追究法律责任。涉及违法占用基本农田和耕地的，应依法从重处罚；涉嫌犯罪的，应移送司法机关追究刑事责任。依法对“以租代征”违法违规用地行为处理后，确需补办用地手续的建设项目，必须附具对违法违规案件和有关责任人的处理意见及落实情况，征地补偿费用、耕地开垦费按违法用地期间最高标准支付和交纳。有关地方要做好群众工作，依法保护农民集体和农户的合法权益，维护社会稳定。②对未经批准擅自转让、出租、抵押、划拨取得国有土地使用权的单位和个人，依照1990年5月19日《城镇国有土地使用权出让和转让暂行条例》（以下简称国务院令第55号）第四十六条的规定，市、县人民政府土地管理部门应当没收其非法收入，并且根据情节处以罚款。③买卖或以其他形式非法转让土地的，依照《土地管理法》第七十三条、《土地管理法实施条例》第三十八条、《基本农田保护条例》第三十条、《河北省土地管理条例》第六十二条的规定，由县级以上人民政府土地行政主管部门没收违法所得。对违反土地利用总体规划擅自将农用地改为建设用地的，限期拆除在非法转让的土地上新建的建筑物和其他设施，恢复土地原貌；对符合土地利用总体规划的，没收在非法转让的土地上新建的建筑物和其他设施。对国家机关工作人员、直接责任人员，依法给予行政处分；构成犯罪的，依法追究刑事责任。依照上条规定处以罚款的，罚款额为非法所得的百分之五以上百分之五十以下。未经批准或采取欺骗手段骗取批准、超过批准数量、非法批准、违法占用基本农田、买卖或以其他形式非法转让基本农田的，具有上述情形之一的，从重给予处罚。

23. 在别人宅基地上建房能否取得房屋所有权?

答：在别人宅基地上建房，在生活实践中的通常表现：一是宅基地一方使用权人占用与他人共有宅基地建房；二是宅基地一方使用权人吸收使用权外的他人合资建房；三是超出本人宅基地使用面积扩张性建房，侵犯了宅基地相邻关系人合法权益；四是非法抢占他人宅基地建房。按照人们的通常思维——“宅基地虽不是我的，但房屋是我盖的，我取得房屋所有权有什么问题?”岂不知，根据《土地管理法》第六十二条第一款和建设部令〔2008〕168 号第八条、第二十二条第一项的规定，房屋所有权与宅基地使用权主体相一致，“一宅一权”，建造房屋必须履行相关审批程序，并且以取得宅基地使用权为条件。如果未履行审批程序且在别人宅基地上建房，建房人是不能取得房屋所有权的。需要说明的是，一方所建房屋这个物添附到他方宅基地上，形成一个新的物，属于民法添附理论。两个以上物的混合，使原物的价值因添附而提高，提高的价值并不归宅基地使用权人当然取得，虽盖房人不能取得房屋所有权而应归属宅基地使用权人所有，但对宅基地使用权人来说，属于不当得利，依照《中华人民共和国民法通则》（以下简称《民法通则》）第九十二条、2017 年 10 月 1 日施行的《中华人民共和国民法总则》（以下简称《民法总则》）第六条、第一百二十二条的规定，遵照利益平衡原则，宅基地使用权人应当给付建房人对价。

第二章　土地承包经营

24. 家庭承包与其他方式的承包有何不同？

答：依照《中华人民共和国农村土地承包法》（以下简称《农村土地承包法》）第三条第二款、第十五条和《物权法》第一百二十四条的规定，农村土地承包采取农村集体经济组织内部的家庭承包方式，家庭承包的承包方是本集体经济组织的农户。不宜采取家庭承包方式的荒山、荒沟、荒丘、荒滩等农村土地，可以采取招标、拍卖、公开协商等方式承包。家庭承包与其他方式的承包不同，主要体现在以下几点：

第一，承包的主体不同。根据上述法律规定，家庭方式的承包方只能是本集体经济组织内部的农户，其他方式的承包方，除上述组织内部的农户外，还可以是本集体经济组织内部的个人及经本集体经济组织法定数额成员同意、批准的外部农户、企事业单位或个人。

第二，承包权的取得不同。家庭承包，依照《农村土地承包法》第三条、第五条的规定，执行的是按户承包、按人分地原则。只要具有本集体经济组织成员资格，就享有获得等份土地承包权。而其他方式的承包，依照《农村土地承包法》第四十四条、第四十七条、第四十八条的规定，通过招标、拍卖、公开协商等方式，除本集体经济组织成员在同等条件下享有优先承包权外，可以由本集体经济组织以外的单位或个人承包，本集体经济组织以外的承包人承包权的取得，需要履行发包方集体经济组织成员的村民会议三分之二以上成员或三分之二村民代表的同意，并且报乡（镇）人民政府批准。

第三，承包的土地种类不同。家庭承包的土地种类，依照《土地承包法》第二条的规定，是耕地、林地、草地及其他依法用于农业的土地。而其他方式承包的土地种类，依照《土地承包法》第三条的规定，是荒山、荒沟、荒丘、荒滩四荒地。

第四，承包期限不同。家庭承包的期限遵循的是《土地承包法》第二十条规定的法定承包期，以及第六十二条规定的“本法施行前的承包效力”的强制性规定。而其他方式承包期限依据的是《土地承包法》第四十五条“承包合同内容的协商”的规定，当事人的权利和义务、承包期限等由双方协商确定。

第五，取得承包经营权的渠道不同。家庭承包，依照《土地承包法》第二十二条、《物权法》第一百二十七条的规定，土地承包经营合同自成立之日起生效。土地承包经营权自合同生效时设立，承包人取得土地承包经营权。其他方式的承包，依照《土地承包法》第四十八条、第四十九条的规定，除履行本集体经济组织成员的村民会议三分之二以上成员或村民代表同意，并且报乡（镇）人民政府批准外，还要通过依法登记才能取得土地承包经营权。

第六，两种承包方式的价值原则取向不同。家庭承包，人人有份，体现的是民法公平优先的权利价值原则；其他方式的承包，体现的是效率优先价值原则。

另外，还有两种承包方式在适用《物权法》、有关债权的法律保护上也存在着差异。

25. 家庭与其他方式取得的土地承包权的流转方式有哪些异同？

答：依照《土地承包法》第三十二条、第四十九条和《物权法》第一百二十八条、第一百三十三条的规定，二者流转方式的共同之处为出租、转让或以其他方式流转；不同之处为家庭承包的土地经营权流转的方式可以是转包、互换，其他方式取得的土地承包权的流转方式可以是转让、入股、抵押或以其他方式流转。

26. 家庭与其他方式承包土地流转的受让方主体资格有何不同?

答：根据1998年10月14日《中共中央关于农业和农村工作若干重大问题的决定》第三节、1999年《宪法修正案》第十五条、《中华人民共和国农业法》（以下简称《农业法》）第五条第二款、《土地承包法》第三条、《物权法》第一百二十四条的规定，农村集体土地承包实行的是家庭承包为基础、统分结合的双层经营体制。也就是说，家庭承包、家庭成员人人有份。家庭承包流转方式中的互换、转让，依照《土地承包法》第四十条、第四十一条的规定，接受流转的一方要么是本集体经济组织的成员，要么是从事农业生产经营的农户。而其他方式承包土地的流转，对接受流转一方的主体资格，法律并没有做出严格限制，并非必须是本集体经济组织成员或从事农业生产经营的农户，也可以是本集体经济组织以外的成员或农户及其他有经营能力的组织。

27. 土地承包经营权流转应该遵循哪些基本原则?

答：依照《土地承包法》第十条、第三十三条、第三十四条，《物权法》第一百二十八条，2005年1月19日《农村土地承包经营权流转管理办法》（以下简称农业部令〔2005〕第47号）第二条、第三条、第六条的规定，土地承包经营权人依照农村土地承包法的规定，有权将土地承包经营权采取转包、互换、转让等方式流转。土地承包经营权流转应该遵循的基本原则：一是平等协商、依法、自愿、有偿的原则。承包人是土地承包经营权流转的主体，所以是否流转、以什么方式流转的决定权由承包人行使，国家保护承包人依法、自愿、有偿行使土地承包经营权流转的权利，任何组织和个人不得强迫或阻碍承包方进行土地承包经营权流转。二是不得改变土地所有权的性质和土地的农业用途。土地承包经营权属于物权法律上的用益物权，土地所有权归集体经济组织所有，流转的仅是承包经营权，并非土地的所有权。因此，土地承包经营权流转中的土地所有性质和农业用途不得改变，防止给土地所有人带来损害。三是流转的期限不得超过承包期的剩余期限。鉴于先承包合同已约定了承包期限，履行后剩余的期限是固定的，超过期限部分无效。四是受让方须有农业经营能力，这是保障流转土地农业用途不变的前提条件。五是在同等条件下，本集体经营组织成员享有优先权。该条原则折射出来土地承包经营权流转在按照市场原则运作的同时，更照顾到本集体经济组织成员利益的立法本意。

2017 年中央一号文件《中共中央、国务院关于深入推进农业供给侧结构性改革加快培育农业农村发展新动能的若干意见》（以下简称 2017 年中央一号文件）提出，落实农村土地集体所有权农户承包权土地经营权分置改革，即将我国现行法律、法规规定实行的集体所有权和农户土地承包经营权“两权分置”中的农户土地承包经营权一权分设为农户承包权和土地经营权两权。这显然赋予了承包权更多的权能，即经营权流转，是促进土地承包权流转、发展现代农业的顶层重要制度设计。农民如果不再单一依赖土地为生而外出打工，就可以在土地承包权不变的基础上，把土地经营权流转给他人；如果想搞大农业，就可以借助土地经营权流转方式，集中土地搞规模农业经营，发展现代农业；土地经营权流转还可以抵押贷款，把农业做大做强。

28. 未经发包方同意或未向发包方备案的土地承包经营权流转合同是否有效?

答：《土地承包法》第三十七条虽做出“采取转让方式流转的，应当经发包方同意；采取转包、出租、互换或其他方式流转的，应当报发包方备案”的规定，但从立法上所使用的“应当”用语不是强制性规定，不是合同生效的法定条件；同时，土地承包经营权属于《物权法》上的用益物权而非债权，具有不受其以外的人干预的效力，允许承包人自由转让是应有之义。若允许无限制的发包方同意或向发包方备案的生效干涉，有违《物权法》的基本原理，与物权绝对权及保护绝对性相冲突。因此，依照最高法 2005 年 9 月 1 日《关于审理涉及农村土地承包纠纷案件适用法律问题的解释》（以下简称法释〔2005〕6 号文件）第十三条、第十四条的规定，承包方未经发包方同意，采取转让方式流转其土地承包经营权的，转让合同无效。但是，不必然导致合同无效，发包方无法定理由不同意或拖延表态的，合同有效；承包方采取转包、出租、互换或其他方式流转土地承包经营权，发包方仅以该流转合同未报其备案为由，请求确认合同无效的，不予支持。

29. 流转期限无约定或约定不明应如何处理？

答：根据法释〔2005〕6 号文件第十七条第一款的规定，当事人对转包、出租承包地流转期限没有约定或约定不明的，参照《合同法》第二百三十二条的规定处理。根据该条规定，依照《合同法》第六十一条规定，可以协议补充；不能达成补充协议的，按照合同有关条款或交易习惯确定；仍不能确定的，视为剩余承包期限内的不定期转包、出租，流转当事人可以随时解除合同，但是转包、出租人应当在合理期限之前通知相对方，除当事人另有约定或属于林地承包经营外，承包地交回时间应当在农作物收获期结束后或下一耕种期开始前。

30. 对土地流转中的转让、转包、互换、出租的法律意义应如何理解？

答：依照农业部令〔2005〕第 47 号第三十五条的规定，本办法所称的转让，是指承包方有稳定的非农职业或有稳定的收入来源，经承包方申请和发包方同意，将部分或全部土地承包经营权让渡给其他从事农业生产经营的农户，受让方既可以是本集体经济组织成员，也可以是本集体经济组织以外的农户。转让后，原土地承包关系自行终止，土地承包经营权部分或全部灭失，由受转让方履行相应土地承包合同的权利和义务，转让应该经发包方同意。转包，是指承包方将部分或全部土地承包经营权以一定期限流转给同一集体经济组织的其他农户从事农业生产经营。转包后，原土地承包关系不变，原承包方继续履行原土地承包合同约定的权利和义务；接包方按转包时约定的条件对转包方负责；承包方将土地交他人代耕不足一年的除外。转包无需经村委会同意，但转包合同要向发包方备案。互换，是指承包方之间为方便耕种或各自需要，对属于同一集体经济组织的各自承包地块交换。互换是一种互易合同，互换双方相互取得对方的土地承包经营权，进而丧失各自互换前原土地承包经营权。互换达成协议后，应与发包方变更原土地承包合同。出租，是指承包方将部分或全部土地承包经营权以一定期限租赁给他人从事农业生产经营活动。承租人可以是本集体经济组织成员，也可以是本集体经济组织以外的人。出租后，原土地承包关系不变，原承包方继续行使和履行原土地承包合同约定的权利和义务。承租方按出租时约定的条件对承包方负责。出租无需经发包方同意，但出租合同要向发包方备案。入股，是指实行家庭承包方式的承包方之间为发展农业经济，将土地承包经营权作为股权，自愿联合从事农业合作生产经营；其他承包方式的承包方将土地承包经营权量化为股权，入股组成股份公司或合作社等，从事农业生产经营。

31. 农村土地承包经营权抵押流转是否有效?

答：抵押，是一种担保行为，即承包人将其取得的集体土地承包经营权作为担保物，在其不履行债务清偿时，债权人可直接将该承包经营权变现以实现直接的债权。根据《中华人民共和国担保法》（以下简称《担保法》第三十四条第五项、《物权法》第一百八十四条第二项的规定，宅基地、以家庭承包方式取得的耕地、自留山等承包经营权是不可以抵押的，但法律规定可以抵押的除外；不易采取家庭承包方式的荒地、荒沟、荒丘、荒滩四荒地，采取招标、拍卖、公开协商方式，也就是法律冠名的其他方式的承包，依法取得土地承包经营权证或林权证书的，鉴于该承包方式是一种市场化的运作模式，不是本集体经济组织成员人人有份的承包，涉及不到社会保障问题，依照《土地承包法》第四十九条的规定，其土地承包经营权可以转让、出租、入股、抵押或以其他方式流转，该抵押流转合同有效。

32. 家庭土地承包经营权能否继承？

答：依照《土地承包法》第三条、第十五条，《土地管理法》第八条，《中华人民共和国继承法》（以下简称《继承法》）第三条，《物权法》第一百一十七条、第一百二十四条的规定，家庭承包的承包方式是本集体经济组织的农户，而非家庭的某一个成员，农户家庭内部一个或几个成员死亡，只要农户还在，就不发生继承问题，即便该农户再无生存的成员，鉴于以户承包资格的终止，该户原有的承包地，集体经济组织有权依法收回；从土地所有权、使用权角度讲，属于用益物权，非所有权。农村和城市郊区的土地，除由法律规定属于国家所有的以外，属于农民集体所有。不属于公民死亡时遗留下的个人合法财产，不属于继承遗产的范围，不产生继承。但是，承包期内承包人应得的承包收益，属于公民死亡后的遗产，可以依法转移给继承人的部分，依照继承法的规定继承。

林地家庭承包中承包方的继承人、其他方式承包中承包方的继承人或权利人，请求在承包期内继续承包的，依照《土地承包法》第三十一条第二款、法释〔2005〕6 号文件第二十五条的规定，应予支持。

其他方式承包的承包人死亡，其应得的承包受益，继承人请求继承、在承包期内继续承包的，依照《土地承包法》第五十条的规定，应予支持。

33. 如何保护农村妇女土地承包经营权？

答：农村妇女是一个弱势群体，其土地承包经营权应受到特殊保护。依照《土地承包法》第六条、第三十条的规定，保护措施有三：一是农村土地承包，妇女与男子享有平等的权利。承包中应当保护妇女的合法权益，任何组织和个人不得剥夺、侵害妇女应当享有的土地承包经营权。二是承包期内妇女结婚，在新居住地未取得承包地的，发包方不得收回其原承包地。三是妇女离婚或丧偶、仍在原居住地生活或不在原居住地生活，但在新居住地未取得承包地的，发包方不得收回其原承包地。

第三章　土地承包经营争议处理

34. 未实际取得承包地能否提起民事诉讼？

答：依法保护农民土地承包权是通过落实《土地承包法》第五条、第十八条、第十九条的规定而实现，农村土地承包经营权的保护以承包合同存在为前提，农村集体组织成员未实际取得承包地，是因为该政策不落实所致，是相关行政主管部门的职责，未实际取得承包地，与农村集体组织即发包方尚未构成土地承包合同关系，属于社会层面的问题，不属于法院的受案范围，由相关行政主管部门解决。根据法释〔2005〕6号文件第一条第二款的规定，不能直接向法院提起民事诉讼，应向有关行政主管部门申请解决。对于行政主管部门在60日法定期内不履行的，依照《中华人民共和国行政诉讼法》（以下简称《行政诉讼法》）第四十七条、第五十一条、第五十二条的规定，可以向法院提起行政诉讼；对于做出不予立案的裁定不服的，可以提起上诉。

对诉状内容有欠缺或有错误的，法院应当给予指导和释明，并且一次性告知当事人需要补正的内容，不得未经指导和释明即以起诉不符合条件为由不接受起诉状。

对于不接收起诉状、接收起诉状后不出具书面凭证，以及不一次性告知当事人需要补正的起诉状内容的，当事人可以向上级人民法院投诉，上级人民法院应当责令改正，并且对直接负责的主管人员和其他直接责任人员依纪给予处分。

对人民法院既不立案又不做出不予立案裁定的，当事人可以向上一级人民法院起诉。上一级法院认为符合起诉条件的，应当立案、审理，也可以指定其他下级人民法院立案、审理。

35. 法律对土地承包行政主管部门法定管辖职责是如何规定的？

答：依照《农业法》第二条第一款的规定，本法所称农业，是指种植业、林业、畜牧业和渔业等产业，包括与其直接相关的产前、产中、产后服务。其行政主管部门，依照《土地承包法》第十一条的规定，中央层面负责全国土地承包合同管理指导工作的，是国务院农业、畜牧业、渔业、林业行政主管部门。县级以上地方人民政府农业、林业行政主管部门分别按照各自职责负责本行政区域内农村土地承包及承包合同管理。乡（镇）人民政府由于地域、编制原因，通常不再细化设职能部门，但明确专门管理人员，从事本行政区域内农村土地承包及承包合同管理，履行土地承包及承包合同管理由乡（镇）人民政府负责。

36. 人民法院对涉及农村土地承包合同纠纷的受案范围是什么？

答：依照法释〔2005〕6号文件第一条的规定，下列涉及农村土地承包合同的纠纷，人民法院应当依法受理：

（1）承包合同纠纷。

（2）承包经营权侵权纠纷。

（3）承包经营权流转纠纷。

（4）承包地征收补偿费用分配纠纷。

（5）承包经营权继承纠纷。

集体经济组织成员因未实际取得土地承包经营权提起民事诉讼的，人民法院应当告知其向有关行政主管部门申请解决。

集体经济组织成员就用于分配的土地补偿费数额提起民事诉讼的，人民法院不予受理。

37. 承包合同纠纷，谁才是适格的诉讼主体？

答：依照法释〔2005〕6号文件第三条、第四条的规定，承包合同纠纷，以承包方和发包方为当事人。

前款所称承包方，是指以家庭承包方式承包本集体经济组织农村土地的农户，以及以其他方式承包农村土地的单位或个人。

农户成员为多人的，由其代表人进行诉讼。农户代表人按照下列顺序确定：

（1）土地承包经营权证等证书上登记的人。

（2）未依法登记取得土地承包经营权证等证书的，为在承包合同上签字的人。

（3）前两款确定的人死亡、丧失民事行为能力或因其他原因无法进行诉讼的，为农户成员推选的人。

38. 农村土地承包经营纠纷适用调解仲裁的受案范围是什么？

答：依照2010年1月1日《中华人民共和国农村土地承包经营纠纷调解仲裁法》（以下简称《调解仲裁法》）第二条的规定，其受案范围：

（1）因订立、履行、变更、解除和终止农村土地承包合同发生的纠纷。

（2）因农村土地承包经营权转包、出租、互换、转让、入股等流转发生的纠纷。

（3）因收回、调整承包地发生的纠纷。

（4）因确认农村土地承包经营权发生的纠纷。

（5）因侵害农村土地承包经营权发生的纠纷。

（6）法律、法规规定的其他农村土地承包经营纠纷。

因征收集体所有的土地及其补偿发生的纠纷，不属于农村土地承包仲裁委员会的受案范围，可以通过行政复议或诉讼等方式解决。

39. 当事人自愿达成或未达成书面仲裁协议情况下提起诉讼的如何处理？

答：依照法释〔2005〕6 号文件第二条的规定，当事人自愿达成书面仲裁协议提起诉讼的，受诉人民法院应当参照《最高人民法院关于适用〈中华人民共和国民事诉讼法〉若干问题的意见》（法发〔1992〕22 号）第 145 条至第 148 条的规定处理。

当事人未达成书面仲裁协议，一方当事人向农村土地承包仲裁机构申请仲裁，另一方当事人提起诉讼的，人民法院应当受理，并且书面通知仲裁机构。但是，另一方当事人接受仲裁管辖后又起诉的，人民法院不予受理。

当事人对仲裁裁决不服并在收到裁决书之日起30 日内提起诉讼的，法院应予受理。

40. 法律为解决农村土地承包合同纠纷规定了哪些渠道？

答：依照《调解仲裁法》第三条至第七条、法释〔2005〕6 号文件第二条第三款的规定，农村发生土地承包合同纠纷的，当事人可以自行和解，也可以请求村民委员会、乡（镇）人民政府等调解。

当事人和解、调解不成或不愿意和解、调解的，可以向农村土地承包仲裁委员会申请仲裁，也可以直接向人民法院起诉。

当事人对仲裁裁决不服并在收到裁决书之日起30 日内提起诉讼的，法院应予受理。

调解和仲裁，应当公开、公平、公正，便民高效，根据事实，符合法律，尊重社会公德。

县级以上人民政府应当加强对农村土地承包经营纠纷调解和仲裁工作的指导。

县级以上人民政府农村土地承包管理部门及其他有关部门应当依照职责分工，支持有关调解组织和农村土地承包仲裁委员会依法开展工作。

村民委员会和乡（镇）人民政府应当加强农村土地承包经营纠纷的调解工作，帮助当事人达成协议解决纠纷。

41. 对达成或达不成调解协议的应如何处理？

答：依照《调解仲裁法》第十条、第十一条的规定，经调解达成协议的，村民委员会或乡（镇）人民政府应当制作调解协议书。

调解协议书，由双方当事人签名、盖章或按指印，经调解人员签名并加盖调解组织印章后生效。

经仲裁庭调解达成调解协议的，仲裁庭应当制作调解书；调解不成的，应当及时做出裁决。

调解书应当写明仲裁请求和当事人协议的结果。调解书由仲裁员签名，加盖农村土地承包仲裁委员会印章，送达双方当事人。

调解书经双方当事人签收后，即发生法律效力。在调解书签收前当事人反悔的，仲裁庭应当及时做出裁决。

42. 申请农村土地承包经营纠纷仲裁应符合哪些条件？

答：依照《调解仲裁法》第二十条的规定，应符合以下条件：

（1）申请人与纠纷有直接的利害关系。

（2）有明确的被申请人。

（3）有具体的仲裁请求和事实、理由。

（4）属于农村土地承包仲裁委员会受理范围。

43. 仲裁委不予受理或受理后终止仲裁案件的法定条件有哪些？

答：依照《调解仲裁法》第二十二条的规定，有下列情形之一的，不予受理；已受理的，终止仲裁程序：

（1）不符合申请条件。

（2）法院已受理该纠纷。

（3）法律规定该纠纷应当由其他机构处理。

（4）对该纠纷已有生效的判决、裁定、仲裁裁决、行政处理决定等。

44. 仲裁申请受理、不受理或终止仲裁的通知有无期限上的规定？

答：有期限上的规定。依照《调解仲裁法》第二十三条的规定，决定受理的，应当自收到仲裁申请之日起五个工作日内，将受理通知书、仲裁规则和仲裁员名册送达申请人；决定不予受理或终止仲裁程序的，应当自收到仲裁申请或发现终止仲裁程序情形之日起五个工作日内，书面通知申请人并说明理由。

45. 当事人申请仲裁后可不可以自行和解？

答：依照《调解仲裁法》第三十二条的规定，当事人申请仲裁后可以自行和解。达成和解协议的，可以请求仲裁庭根据和解协议做出裁决书，也可以撤回仲裁申请。

46. 仲裁请求法律赋予了双方当事人怎样的权利？

答：依照《调解仲裁法》第三十三条的规定，申请人可以放弃或变更仲裁请求。被申请人可以承认或反驳仲裁请求，有权提出反请求。

47. 当事人在仲裁开庭中享有哪些权利？

答：依照《调解仲裁法》第三十六条的规定，当事人在开庭过程中有发表意见、陈述事实和理由、提供证据、进行质证和辩论的权利。对不通晓当地通用语言文字的当事人，同时还有获得仲裁委应当为其提供翻译的权利。

48. 举证是不是仲裁主张人的法定责任？不举证会导致怎样的法律后果？

答：依照《调解仲裁法》第三十七条的规定，仲裁案的审理也不能例外地遵循谁主张谁举证的法定原则，当事人应当对自己的主张提供证据。与纠纷有关的证据由作为当事人一方的发包方等掌握管理的，该当事人应当在仲裁庭指定的期限内提供，逾期不提供的，应当承担不利后果。

49. 发包方对承包方的哪些做法构成侵权？

答：发包方的下述八种行为，依照《土地承包法》第五十四条的规定，对承包方构成侵权：

（1）干涉承包方依法享有的承包经营自主权．

（2）违反本法规定收回、调整承包地。

（3）强迫或阻碍承包方进行土地承包经营权流转。

（4）假借少数服从多数强迫承包方放弃或变更土地承包经营权而进行土地承包经营权流转。

（5）以划分"口粮田"和"责任田"等为由收回承包地搞招标承包。

（6）将承包地收回抵顶欠款。

（7）剥夺、侵害妇女依法享有的土地承包经营权。

（8）其他侵害土地承包经营权的行为。

50. 对土地承包经营权的侵权行为如何担责？

答：对土地承包经营权的侵权行为，不仅多发生在发包方，还发生在新农村建设、改造中，一些开发商肆意侵占、损毁农户承包地屡见不鲜。要理清对土地承包经营权的侵权责任，首先就有必要弄清土地承包经营权的法律属性，《民法通则》第八十条、《民法总则》第一百一十四条的规定，将土地承包经营权归入了《民法通则》及《民法总则》第五章民事权利的财产所有权和与财产所有有关的财产权，同时纳入了《物权法》第十一章的规定。这充分表明通过立法将土地承包经营权确定为一种物权，就其分类属于《物权法》中第三编第十章规定的用益物权。该用益物权通过土地承包合同取得，是承包经营权取得的基础。虽是签订的土地承包合同，但并不表明承包经营权是债权，合同只是取得承包经营权的一种方式。承包经营权是物权，之所以不同于债权，是因为物权本质是权利人依照自己的意志，不需要他人协助便可实现权利要达到的目的。因此，物权是支配权、绝对权、对世权。而债权则不然，权利人权利的实现，单靠自己的意志不行，要借助相对方的积极协助才行。因此，债权是请求权、相对权、对人权。显然，土地承包经营权是民事权利，受民法调整，当物权人物权受到损害、侵害可能时，可依照《土地承包法》第五十四条的规定，诉请侵权人承担民事责任。承担民事责任的方式，依照本条的规定，有停止侵害、返还原物、恢复原状、排除妨害、消除危险、赔偿损失等。

51. 土地承包合同双方约定发包方对承包方不依约履行承包费交纳义务，发包方可解除合同，但在诉讼中，承包方当庭交纳了承包费，发包方仍然坚持解除合同的，法院应否支持？

答：土地承包合同虽有其特殊性，但仍属民事合同范畴，依照《合同法》第六条、第六十条第一款的规定，合同成立后，应当遵循诚实信用原则，全面履行自己的义务。承包方不依约交纳承包费的行为，以自己的行为表明不履行主要义务，依照《合同法》第九十四条第二项的规定，发包方依法、依约均可主张解除合同；承包方倘若不是故意违约，而是因天灾人祸等特殊原因致使其不能依约履行承包费给付义务，发包方不应立即解除合同，而是给其一个缓冲期，视履行情况再决定是否解除不迟；承包方当庭交纳了承包费，以实际行为履行了承包费交纳义务，为鼓励交易，维护交易健康发展，即便发包方要求解除合同，法院也不会支持。

52. 对因发包方违法收回或承包方弃耕、撂荒承包地而调整家庭承包地产生的纠纷应如何处理？

答：依照法释〔2005〕6 号文件第五条、第六条的规定，承包合同中有关收回、调整承包地的约定，违反《土地承包法》第二十六条、第二十七条、第三十条、第三十五条规定的，应当认定该约定无效。

因发包方违法收回、调整承包地或因发包方收回承包方弃耕、撂荒的承包地产生的纠纷，按照下列情形，分别处理：

（1）发包方未将承包地另行发包，承包方请求返还承包地的，应予支持。

（2）发包方已将承包地另行发包给第三人，承包方以发包方和第三人为共同被告，请求确认其签订的承包合同无效、返还承包地并赔偿损失的，应予支持；但属于承包方弃耕、撂荒情形的，对其赔偿损失的请求，不予支持。

前款第二项所称的第三人，请求受益方补偿其在承包地上的合理投入的，应予支持。

53. 承包方改变土地用途或对土地造成永久性损害，发包方请求承包方停止侵害恢复原状或赔偿损失的，法院应否支持？

答：承包方违反农村《土地承包法》第十七条的规定，将承包地用于非农建设或对承包地造成永久性损害，发包方请求承包方停止侵害恢复原状或赔偿损失的，依照法释〔2005〕6号文件第八条的规定，应予支持。

54. 发包方依法收回承包地前，承包方已将其承包经营权流转给第三人且流转期限未满因流转价款收取产生的纠纷，法院如何处理？

答：上述纠纷，依照法释〔2005〕6号文件第九条的规定，按照下列情形分别处理：

（1）承包方已经一次性收取了流转价款，发包方请求承包方返还剩余流转期限的流转价款的，应予支持。

（2）流转价款为分期支付，发包方请求第三人按照流转合同的约定支付流转价款的，应予支持。

承包期内，承包方交回或发包方依法收回承包地时，承包方为提高土地生产能力已在承包地上的投入，依照《土地承包法》第二十六条第四款的规定，承包方有权获得相应补偿。

55. 土地承包经营权流转中，本集体经济组织成员在流转价款期限等同等条件下不能享有优先权的法定情形有哪些？

答：依照法释〔2005〕6号文件第十一条、第十九条的规定，家庭承包方式中，不享有优先权的法定情形如下：

（1）在书面公示的合理期限内未提出优先权主张的。

（2）未经书面公示，在本集体经济组织以外的人开始使用承包地两个月内未提出优先权主张的。

其他方式承包，本集体经济组织成员在承包费、承包期限等主要内容相同的条件下，主张优先承包权的，应予支持。但是，在发包方将农村土地发包给本集体经济组织以外的单位或个人，已经法律规定的民主议定程序通过，并且由乡（镇）人民政府批准后主张优先承包权的，不予支持。

56. 发包方强迫、阻碍承包方土地流转的行为是否有效？

答：上述行为依照法释〔2005〕6号文件第十二条的规定，承包方请求确认其与第三人签订的流转合同无效；排除妨碍赔偿损失的，应予支持。

57. 对承包方未经发包方同意采取转让方式流转土地承包经营权行为的效力如何认定？

答：依照法释〔2005〕6号文件第十三条、第十四条的规定，承包方未经发包方同意，采取转让方式流转土地承包经营权的，转让合同无效。但也有例外，即发包方无法定理由不同意或拖延表态的除外。承包方依法采取转包、出租、互换或其他方式流转土地承包经营权，发包方仅以该土地承包经营权流转合同未报其备案为由，请求确认合同无效的，不予支持。

58. 承包方以其土地承包经营权进行抵押或抵偿债务的约定是否有效？

答：依照法释〔2005〕6号文件第十五条的规定，上述土地承包经营权进行抵押或抵偿债务的约定无效；对因此造成的损失，当事人有过错的，应当承担相应的民事责任。

59. 对因承包方不收取流转价款或向对方支付费用的约定产生的纠纷如何处理？

答：依照法释〔2005〕6号文件第十六条的规定，当事人协商变更无法达成一致且继续履行又失公平的，人民法院可以根据发生变更的客观情况，按照公平原则处理。

60. 如何处理发包方就同一块土地签订两个以上承包合同，承包方均主张承包经营权的情况？

答：依照法释〔2005〕6号文件第二十条的规定，按照下列情形，分别处理：

（1）已经依法登记的承包方，取得土地承包权。

（2）均未依法登记的，生效在先承包合同的承包方取得土地承包经营权。

（3）依前两项规定无法确定的，已经根据承包合同合法占有、使用承包地的人，取得土地承包经营权；但争议发生后，一方强行先占承包地的行为和事实，不得作为确定土地承包经营权的依据。

61. 如何处理承包方未依法登记取得土地承包经营权证等证书即以转让、出租、入股、抵押等方式流转土地承包经营权行为？

答：依照法释〔2005〕6号文件第二十一条的规定，针对上述流转行为，发包方请求确认该流转无效的，应予支持；但非因承包方原因未登记取得土地承包经营权证等证书的除外。

承包方流转土地承包经营权，除法律或本解释有特殊规定外，按照有关家庭承包土地承包经营权流转的规定处理。

62.《调解仲裁法》对仲裁庭收集证据和鉴定是如何规定的？

答：依照《调解仲裁法》第三十八条、第三十九条的规定，仲裁庭认为有必要收集的证据，可以自行收集。

仲裁庭对专门性问题认为需要鉴定的，可以交由当事人约定的鉴定机构鉴定；当事人没有约定的，由仲裁庭指定的鉴定机构鉴定。

根据当事人的请求或仲裁庭的要求，鉴定机构应当派鉴定人参加开庭。当事人经仲裁庭许可，可以向鉴定人提问。

63. 为防止证据可能灭失或以后难以取得的情况发生，当事人应该怎么办？

答：依照《调解仲裁法》第四十一条的规定，在上述情况下，当事人可以申请证据保全。当事人申请证据保全的，农村土地承包仲裁委应当将当事人的申请提交证据所在地的基层人民法院。

64. 仲裁的期限有多长？

答：依照《调解仲裁法》第四十七条的规定，仲裁农村土地承包经营纠纷，应当自受理仲裁申请之日起60日内结束；案情复杂需要延长的，经仲裁委主任批准，可以延长并书面通知当事人，但延长期不得超过30日。

65. 对不服仲裁裁决的诉讼时效及失效失权的法律后果，法律是如何规定的？

答：依照《调解仲裁法》第四十八条的规定，当事人不服仲裁裁决的，可以在接到裁决书之日起30日内向法院起诉；逾期不起诉的，裁决书即发生法律效力。

66. 在一方当事人不履行发生法律效力的调解书、裁决书的情况下，另一方当事人如何申请执行？

答：依照《调解仲裁法》第四十九条的规定，当事人对发生法律效力的调解书、裁决书，应当依照规定的期限履行。一方当事人逾期不履行的，另一方当事人可以向被申请人住所地或财产所在地的基层人民法院申请执行。受理申请的人民法院应当依法执行。

第四章　土地征收与补偿

67. 对承包地被依法征收且放弃统一安置的家庭承包方请求发包方给付已经收到的安置补助费的主张应否支持?

答：依照法释〔2005〕6 号文件第二十三条的规定，承包地被依法征收，放弃统一安置的家庭承包方，请求发包方给付已经收到的安置补助费，应予支持。

68. 对村集体通过民主议定程序决定在本集体经济组织内部分配已收到的征地补偿费，本集体成员请求分配相应数额的，应如何处理?

答：请求分配相应数额的集体成员必须具备一定的法定条件。依照法释〔2005〕6 号文件第二十四条的规定，征地补偿安置方案确定时，请求人必须是已经具有本集体经济组织成员资格的人，请求支付相应数额的，除已报全国人大常委会、国务院备案的地方性法规、自治条例和单行条例、地方政府规章对土地补偿费在农村集体经济组织内部的分配办法另有规定的外，应予支持。

69. 土地征收与征用有什么不同?

答：对照《物权法》第四十二条、第四十四条的规定不难看出，征收与征用是截然不同的两种行政行为。征收是指国家为了公共利益的需要，依照法律规定的权限和程序可以征收集体所有的土地和单位、个人的房屋及其他不动产，并且依法给予被征收土地的农村集体经济组织及农民经济补偿后，将土地由农村集体经济组织所有变为国有的行政行为。征用是指国家因抢险、救灾等紧急需要，依照法律规定的权限和程序可以征用单位、个人的不动产或动产，使用后应当返还；毁损、灭失的，应予补偿的行政行为。二者双方主体虽有相同之处，即国家和土地不动产、动产所有者，而且都具有强制性，他方必须服从；但最大的区别在于行政行为后的所有权主体的变化，被征收后的所有权主体由集体经济组织、单位或个人变为国家，而被征用的不动产或动产并不导致所有权转移，使用后仍返还被征用人，并且发生损毁或灭失后果的，应当给予补偿。

70. 在征地依法报批前，当地国土资源管理部门对被征地农村集体经济组织和农户应履行哪些法定职责？

答：依照2010年6月26日《国土资源部关于进一步做好征地管理工作的通知》（以下简称国土资发〔2010〕96号文件）第四节第十目，2004年10月21日国发〔2004〕28号文件第三节第十四目，2004年11月3日国土资源部《关于印发〈关于完善征地补偿安置制度的指导意见〉的通知》（以下简称国土资发〔2004〕238号文件）第三节第九目、第十目、第十一目，2001年10月22日国土资源部以10号令发布、2010年11月30日修正的《征收土地公告办法》第三条的规定，认真做好用地报批前告知、确认、听证工作。征地工作事关农民切身利益，征收农民土地要确保农民的知情权、参与权、申诉权和监督权。市县国土资源部门要严格按照有关规定，征地报批前认真履行程序，对拟征土地用途、位置、补偿标准、安置途径等以书面形式告知被征地农村集体经济组织和农户，充分听取农民意见。征地告知要切实落实到村组和农户，结合村务信息公开采取广播、在村务公开栏和其他明显位置公告等方式，多形式、多途径告知征收土地方案。对拟征土地现状的调查结果，须经被征地农村集体经济组织和农户确认。被征地农民有异议并提出听证的，当地国土资源部门应及时组织听证，听取被征地农民意见。对于群众提出的合理要求，必须妥善予以解决。

要将被征地农民知情、确认的有关材料作为征地报批的必备材料。要加快建立和完善征地补偿安置争议的协调和裁决机制，维护被征地农民和用地者的合法权益。经批准的征地事项，除特殊情况外，应予以公示。

综合上述法规、规章、政策的相关规定，不难得出下述结论：当地国土资源部门在征地报批前，应对被征地农村集体经济组织、农户履行好告知征地情况、确认征地调查结果、组织征地听证三项法定职责。当事人申请听证的，应按照2004年5月1日施行的《国土资源听证规定》（国土资源部令第22号）的程序和有关要求组织听证，听取被征地农民的意见。将被征地农民知情确认的有关材料作为征地的必备材料，彰显了政策赋予被征地农民享有参与征地报批权，打破了通常一直由政府部门独立报批的格局。

71. 在征地依法报批后，当地国土资源管理部门对被征地农村集体经济组织和农户应履行哪些法定职责？

答：依照2014年7月29日第二次修订的《土地管理法实施条例》第二十五条，2010年12月3日修改的《国土资源部关于切实做好征地安置补偿工作的通知》（以下简称国土资发〔2001〕358号文件）第三节、第四节第一目、第五节第二目，国土资发〔2010〕96号文件第四节第十一目的规定，征收土地方案经依法批准后，市、县国土资源管理部门应及时会同政府有关部门，以村（组）为单位拟定有关农村集体经济组织的征地补偿安置方案。依照法定程序和《征收土地公告办法》的有关规定，认真执行征收土地方案和征地补偿安置方案两公告、征地补偿手续一登记制度。要认真听取和研究被征地的农村集体经济组织、农民和其他权利人对征地补偿安置方案的不同意见，对要求举行听证会的，应当举行听证会，并且依照有关法律、法规和批准的征收土地方案修改完善征地补偿安置方案，报市、县人民政府批准后组织实施。

各地对征地补偿安置费用使用和管理应进行严格监管，做到专款专用，严禁侵占、截留或挪作他用。征地补偿安置费用在依照有关规定支付给农村集体经济组织后，市、县国土资源管理部门有权要求该集体经济组织在一定期限内提供征地补偿安置费用分配和支付清单，并且配合政府有关部门和乡（镇）政府及时监督检查各项费用使用情况。由村（组）农村集体经济组织支配的征地补偿安置费用，应建立财务公开制度，定期向本集体经济组织成员公布收支状况。

建立征地批后检查制度，督促各项工作落实到位。地方各级国土资源管理部门，每年年底要对在本行政区域内征地批后实施情况进行全面检查或重点抽查，检查拟定的征地补偿安置方案是否符合有关法律、法规及批准的征收土地方案，征地批后实施程序是否合法、征地补偿安置费用是否及时足额到位、被征地的农业人口安置是否落实等。在检查中发现问题的，应及时纠正；对存在违法行为的，应依法追究法律责任。

做好被征地单位和群众思想工作，妥善处理信访反映的征地问题。各级国土资源管理部门对被征地农村集体经济组织和农民通过不同渠道反映的征地补偿安置问题应高度重视，认真研究。应通过现场核实、联合办公或公文督办等形式，依照法律规定，实事求是地处理信访反映的问题。对补偿安置费用合法、到位，安置途径基本可行的，要耐心做好宣传、解释和疏导工作，取得群众的理解和支持；对补偿安置费用不合法、没有足额到位、安置不落实的，应责成市、县国土资源管理部门及时纠正；对侵占、截留、挪用征地补偿安置费用等严重违纪违法行为的，应移交有关部门依法严肃查处。各地要建立信访案件跟踪检查和回访制度，及时检查处理落实情况，切实维护被征地农村集体经济组织和农民的合法权益。

为缩短征地批后实施时间，征地报批前履行了告知、确认和听证程序并完成土地权属、地类、面积、地上附着物和青苗等确认及补偿登记的，可在征地报批的同时拟定征地补偿安置方案。征地批准后，征收土地公告和征地补偿安置方案公告可同步进行。公告中，群众再次提出意见的，要认真做好政策宣传解释和群众思想疏导工作，得到群众的理解和支持，不得强行征地。

72. 当事人对征地补偿安置方案提出不同意见或要求听证的，法律法规对此有无时限规定？

答：依照《征收土地公告办法》第九条、第十条的规定，被征地农村集体经济组织、农村村民或其他权利人对征地补偿、安置方案有不同意见的或要求举行听证会的，应当在征地补偿、安置方案公告之日起10个工作日内向有关市、县人民政府土地行政主管部门提出。

对当事人要求听证的，有关市、县人民政府土地行政主管部门应当研究被征地农村集体经济组织、农村村民或其他权利人对征地补偿、安置方案的不同意见，应当举行听证会。需要修改征地补偿、安置方案的，应当依照有关法律、法规和批准的征收土地方案进行修改。

有关市、县人民政府土地行政主管部门将征地补偿、安置方案报市、县人民政府审批时，应当附具被征地农村集体经济组织、农村村民或其他权利人的意见及采纳情况；举行听证会的，还应当附具听证笔录。

73. 征地方案被批准后，征地双方各应依照什么程序运作？

答：征地批复的下达意味着下一步就是征地的开始，依照《土地管理法实施条例》第二十五条，国土资发〔2001〕358号文件第三节第一目，《征收土地公告办法》第四条、第六条、第七条、第九条、第十条、第十四条的规定，征收土地方案经依法批准后，征收土地所在地的市、县人民政府应当在收到批准文件之日起10个工作日内进行征收土地公告，由该市、县土地行政主管部门负责具体实施，市、县国土资源管理部门及时会同政府有关部门，根据批准的征收土地方案，在45日内以村（组）为单位拟定有关农村集体经济组织的征地补偿、安置方案，连同批准征地机关、批准文号和征收土地的用途、范围、面积及征收补偿标准、农业人员安置办法、办理征地补偿的期限等，依照法定程序，在征收土地所在地的乡（镇）、村予以公告。

有关市、县人民政府土地行政主管部门认真听取和研究被征地农村集体经济组织、农民和其他权利人对征地补偿方案的不同意见；对补偿标准有争议的，由县级以上地方人民政府协调；协调不成的，由批准征收土地的人民政府裁决。要求举行听证会的，应当在征地补偿安置方案公告之日起10个工作日内向有关市、县人民政府土地行政主管部门提出，对经依法批准征收土地方案修改完善后，报市、县人民政府批准后组织实施。

征收土地的各项费用应当自征地、安置方案批准之日起3个月内全额支付。

各地对征地补偿安置费用使用和管理应当严格监管，做到专款专用，严禁侵占、截留或挪作他用。征地补偿安置费用在依照有关规定支付给农村集体经济组织后，市、县国土资源管理部门有权要求该集体经济组织在一定期限内提供征地补偿安置费用分配和支付清单，并且配合政府有关部门和乡（镇）政府及时监督检查各项费用使用情况。由村（组）农村集体经济组织支配的征地补偿安置费用，应当建立财务公开制度，定期向本集体经济组织成员公布收支状况。用于被征地农民生活安置的安置补助费，在农民自愿的基础上，可逐步建立安置人员的社会保险个人账户，购买养老、失业、医疗保险等，提供长期的生活保障。

被征收土地的所有权人、使用权人应当在公告规定的期限内，持土地权属证书到公告指定地点办理征地补偿登记。

未如期办理征地补偿登记手续的，其补偿内容以有关市、县土地行政主管部门的调查结果为准。

市、县人民政府土地行政主管部门，根据批准的征地方案，在征收土地公告之日起45日内，会同有关部门以被征收土地的所有权人为单位拟定征地补偿、安置方案，在被征土地所在地的乡（镇）、村予以公告，听取被征收土地的农村集体经济组织和农民的意见。未依法进行征收土地公告的，被征地农村集体经济组织、农村村民或其他权利人有权依法要求公告，有权拒绝办理征地补偿、安置手续。

征地补偿、安置争议不影响征收土地方案的实施。

加快建立和完善征地补偿安置争议的协调和裁决机制，维护被征地农民和用地者的合法权益。经批准的征地事项，除特殊情况外，应予以公示。现实中，还有不少行政机关不履行这一法定职责，当事人为维护自己的合法权益，面对行政机关的不作为，有权提起行政诉讼。

74. 征收土地公告应当包括哪些内容？

答：依照《征收土地公告办法》第五条的规定，征用土地公告应当包括以下四项内容：

（1）征地批准机关、批准文号、批准时间和批准用途。

（2）被征收土地的所有权人、位置、地类和面积。

（3）征地补偿标准和农业人员安置途径。

（4）办理征地补偿登记的时限、地点。

75. 征地补偿安置方案公告的内容包括哪些？

答：依照《征收土地公告办法》第八条的规定，征地补偿安置方案公告的内容如下：

（1）本集体经济组织被征收土地的位置、地类、面积，地上附着物和青苗的种类、数量，需要安置的农业人口的数量。

（2）土地补偿费的标准、数额、支付对象和支付方式。

（3）安置补助费的标准、数额、支付对象和支付方式。

（4）地上附着物和青苗的补偿标准和支付方式。

（5）农业人员的具体安置途径。

（6）其他有关征地补偿、安置的具体措施。

76. 面对政府土地行政主管部门对征收土地和征地补偿安置方案未依法进行公告、未按依法批准的征收土地和征地补偿安置方案进行补偿的不作为行为，以及对上一级政府协调裁决决定不服的，法律赋予了农民怎样的救济权利？

答：依照《土地管理法》第四十七条和《征收土地公告办法》第十四条、第十五条的规定，未依法进行征收土地或征地补偿安置方案公告的，被征地农村集体经济组织、农村村民或其他权利人有权依法要求公告，并且分别有权拒绝办理征地补偿登记或征地补偿安置手续；未按依法批准的征收土地方案和征地补偿、安置方案进行补偿、安置引发争议的，由市、县人民政府协调；协调不成的，由上一级地方人民政府裁决。当事人对裁决机关做出的裁决决定不服的，依照2006年6月21日国土资源部《关于加快推进征地补偿安置争议协调裁决制度的通知》（以下简称国土资发〔2006〕133号文件）第二节第五目的规定，可以在法定期限内依照《中华人民共和国行政复议法》（以下简称《行政复议法》）第九条第一款、《行政诉讼法》第十一条第一款第八项、第三十九条的规定，自知道该具体行为或做出具体行政行为之日起，分别在法定60日内、3个月内申请行政复议或提起行政诉讼。

77. 政府协调裁决征地补偿安置的范围及所遵循的原则是什么？

答：依照国土资发〔2006〕133号文件第二节第一目、第二目的规定，征地补偿安置争议协调裁决制度是一项具有自身特点、专门针对征地补偿安置争议设立的纠纷解决制度，必须坚持政府主导、公众参与、重在协调的原则。各地在制定地方性的征地补偿安置争议协调裁决办法的过程中，要注意全面把握征地补偿安置争议协调裁决制度的基本内容。

（1）必须准确定位。协调裁决的范围是针对被征地农民与实施征地的市、县政府裁决在补偿安置方面的争议。协调裁决不对经依法批准的征地合法性审查，不代替行政复议或诉讼。协调裁决的范围：对市、县人民政府批准的征地补偿安置方案；对适用征地补偿安置方案涉及的对被征土地地类、人均耕地面积、被征土地前三年平均年产值的认定；实行片区综合地价计算征地补偿费的地区，对片区综合地价的适用标准和计算分别有异议的。

（2）必须兼顾合法性与合理性。协调要以土地管理法律、法规、规章和国家、省级人民政府有关政策为依据，主要是对市、县人民政府确定的征地补偿安置方案和实施过程进行合法性审查，同时兼顾合理性审查。合理性审查的标准是保证被征地农民原有生活水平不降低、长远生计有保障。各地要在对被征地农民原有生活水平调查、统计的基础上，逐步引入中立的中介组织对被征地进行评估，进一步量化合理性审查的标准。

（3）必须规范协调和裁决的程序。在程序设定上，首先必须贯彻协调前置、重在协调的原则，即当事人针对上述争议应当首先向拟定征地补偿安置方案的市、县人民政府的上一级人民政府申请协调。未经协调的案件，不能进行裁决。裁决机关受理裁决案件后，也要先行组织协调。经协调达不成一致意见的，依法做出裁决决定。协调意见书经双方当事人签字同意后，即发生法律效力。协调和裁决都必须要有明确的时限要求，防止裁决案件久拖不决。协调和裁决的程序、过程和结果都要公开透明。

（4）必须建立灵活多样的协调裁决机制。在协调裁决工作中，组织相关社会团体、法律援助机构、专业人员、社会志愿者等共同参与、综合运用咨询、教育、协调、调解听证等方法，依法、及时处理征地补偿安置争议。

（5）必须依法告知当事人诉权。当事人对裁决机关做出的裁决决定不服的，可以在法定期限内依照《行政复议法》和《行政诉讼法》的有关规定申请行政复议或提起行政诉讼。

78. 征收土地补偿费包括哪些项目？

答：土地的征收补偿费是指农户承包经营的土地被国家基于公共利益的需要，依照法定程序收归国有，依法给予失地农民经济补偿的行为。依照《土地管理法》第四十七条、《物权法》第四十二条第二款的规定，征收土地补偿费包括土地补偿费、安置补助费、地上附着物和青苗的补偿费，以及安排被征地农民的社会保障费等费用。

79. 对征地补偿补助各项费用的计算标准，法律是如何规定的？

答：依照《土地管理法》第四十七条、《国土资源部关于贯彻执行〈中华人民共和国土地管理法〉和〈中华人民共和国土地管理法实施条例〉若干问题的意见》（以下简称国土资厅发〔1999〕97号文件）第五条，国发〔2004〕28号文件第三节第十二目的规定，县级以上地方人民政府要采取切实措施，使被征地农民生活水平不因征地而降低。要保证依法足额和及时支付土地及其地上附着物和青苗补偿费、失地农民安置补助费。依照现行法律规定支付上述各项费用尚不能使被征地农民保持原有生活水平的，不足以支付因征地而导致无地农民社会保障费用的，省、自治区、直辖市人民政府应当批准增加安置补助费。各项补偿、补助费的总和达到法定上限，仍不足以使被征地农民保持原有生活水平的，当地人民政府可以用国有土地有偿使用收入予以补贴。

征收耕地的土地补偿费标准，为该耕地被征用前三年平均年产值的6—10倍。这里的“该耕地”，是指实际征用的耕地数量。征收耕地的安置补助费，按照需要安置的农业人口数计算。需要安置的农业人口数，按照被征收的耕地数量除以征地前被征收单位平均每人占有耕地的数量计算。每一个需要安置的农业人口的安置补助费标准，为该耕地被征用前三年平均年产值的4—6倍。但是，每公顷被征收耕地的安置补助费，最高不得超过被征收土地前三年平均年产值的15倍。这里4—6倍中的“该耕地”，是指在被征用土地所在地，被征地单位平均每人占有的耕地数量。这样规定是将每一个需要安置的农业人口的安置补助费与人均耕地面积挂钩，以被征用土地所在地的人均耕地的平均年产值的倍数计算安置补助费，从而使安置补助费标准的确定更加公平、合理，有利于保护农民利益，维护社会稳定。

征地补偿做到同地同价。

依照上述规定支付土地补偿费和安置补助费，尚不能使需要安置的农民保持原有生活水平的，经省、自治区、直辖市人民政府批准，可以增加安置补助费。但是，土地补偿费和安置补助费的总和不得超过土地征收前三年平均年产值的30倍。

征收土地、其他土地的土地补偿费、安置补助费、附着物和青苗的补偿标准，由省、自治区、直辖市规定。

征收城市郊区的菜地，用地单位应当按照国家有关规定缴纳新菜地开发建设基金。

80. 拟征地信息告知后，被征地农村集体经济组织和农户在拟征土地上抢栽、抢种、抢建的附着物和青苗，征地时能否获得经济补偿？

答：依照国土资发〔2004〕238号文件第三节第九目的规定，

在拟征地信息告知后，凡被征地农村集体经济组织和农户在拟征土地上抢栽、抢种、抢建的地上附着物和青苗，征地时一律不予补偿。

81. 如何理解征地中各项补偿费的社会功能?

答：根据《土地管理法》第八条第二款、2011 年 1 月 8 日修改的《土地管理法实施条例》第二十六条第一款的规定，农村和城市郊区的土地，除由法律规定属于国家所有的以外，属于农民集体所有的属性。所以，上述规定彰显了土地补偿费的社会功能是对农村集体土地所有权丧失的经济补偿，只能用于发展生产、安排就业，不能挪用和私分。依照《物权法》第一百三十二条“承包地被征收的，土地承包经营权人有权依照本法第四十二条第二款获得相应补偿”的规定，安置补助费彰显的是对被征地农户丧失土地承包经营权社会保障性补偿。地上附着物、青苗是土地承包人资金的物化形式，受《物权法》第六十五条、第六十六条和《土地管理法实施条例》第二十六条第一款规定的法律保护。因此，地上附着物和青苗补偿费是对承包地上建筑物、生长物的补偿，当然是对被征地农户、实际投入人、附着物所有人财产损失的补偿。

82. 对承包方请求发包方给付已经收到的被征收承包地上附着物和青苗补偿费的主张应否支持?

答：承包方的上述主张，依照法释〔2005〕6 号文件第二十二条第一款的规定，应予支持。

83. 征收承包方已流转经营权的土地上的附着物和青苗补偿费归谁所有?

答：依照《土地管理法实施条例》第二十六条第一款、法释〔2005〕6 号文件第二十二条第二款的规定，承包方已将土地承包经营权以转包、出租方式流转给第三人的，除当事人另有约定外，青苗补偿费归实际投入人所有，地上附着物补偿费归附着物所有人所有。

84. 承包地被征收后的地上附着物和青苗补偿费与本村集体经济组织发生争议的，以何类案由提出？

答：依照2011年2月18日《最高人民法院关于修改〈民事案件案由规定〉的决定》（法〔2011〕41号）第三部分第55类第2项，2001年7月9日《最高人民法院研究室关于人民法院对农村集体组织所得收益分配纠纷是否受理的答复》（法研〔2001〕51号），最高法立案庭2002年8月19日对浙江省高级人民法院某请示的答复（以下简称民立他字〔2002〕第4号文件）第三自然段中的规定，地上附着物与青苗补偿费应归地上附着物与青苗的所有者所有。上述争议属于承包地征收补偿费用纠纷，农村集体经济组织与其成员之间因受益分配产生的纠纷，属平等民事主体之间的纠纷。当事人就该纠纷起诉到人民法院，只要符合当时《中华人民共和国民事诉讼法》（以下简称《民事诉讼法》）第一百零八条（现第一百一十九条）规定的起诉实质要件，人民法院应当作为民事案件受理。显然，上述纠纷应以民事纠纷提起诉讼。

85. 农村集体经济组织成员与农村集体经济组织因土地补偿费发生的纠纷能否提起民事诉讼？

答：依照民立他字〔2002〕第4号文件对浙江省高级人民法院某请示答复的第一自然段内容，农村集体经济组织成员与农村集体经济组织因土地补偿费发生的争议，不属于平等主体之间的民事法律关系，不属于人民法院受理民事诉讼的范围。对此类争议，人民法院不予受理，应由有关行政部门协调解决。

86. 因安置补助费发生争议提起民事诉讼的，法院应否受理？

答：依照《土地管理法实施条例》第二十六条第二款、民立他字〔2002〕第4号文件第二自然段中的规定，因安置补助费发生的争议应否由人民法院受理，应具体问题具体分析。需要安置的人员由农村集体经济组织安置的，安置补助费支付给农村集体经济组织，由农村集体经济组织管理和使用。因此发生的争议，不属于人民法院受理民事诉讼的范围，人民法院不应作为民事案件受理。对于不需要由农村集体经济组织安置的人员，安置补助费应直接支付给有关人员。因此发生的纠纷，属于民事权利义务争议，属于人民法院受理民事案件的范围，人民法院应当将此类争议作为民事案件受理。放弃统一安置的家庭承包方，请求村集体经济组织给付已经收到的安置补助费的主张，依照法释〔2005〕6 号文件第二十三条的规定，应予支持。

87. 村民向农村集体经济组织提出分配土地补偿费的主张能否得到支持？

答：依照《土地管理法实施条例》第二十六条第一款、法释〔2005〕6 号文件第二十四条、民立他字〔2002〕第 4 号文件第二自然段中的规定，土地补偿费归农村集体经济组织所有，是否分配及如何分配，村集体经济组织、村民委员会、村民小组可以按照法律规定的民主议定程序做出决定。需要安置的人员，由农村集体经济组织安置的，安置补助费支付给农村集体经济组织，由农村集体经济组织管理和使用；由其他单位安置的，安置补助费支付给安置单位；不需要统一安置的，安置补助费发放给被安置人员个人或征得被安置人员同意后用于支付被安置人员的保险费用。决定在本集体经济组织内部分配已经收到的土地补偿费，征地补偿安置方案确定时已经具有本集体经济组织成员资格的人，请求支付相应份额的，应予支持。但是，已报全国人大常委会、国务院备案的地方性法规、自治条例和单行条例、地方政府规章，对土地补偿费在农村集体经济组织内部的分配办法另有规定的除外。显然，村民向农村集体经济组织提出分配土地补偿费的主张是受到一定限制的。

第二篇

不动产确权登记

第五章　顶层设计

88. 国家对当前农村宅基地和集体建设用地确权登记发证工作提供了哪些政策？

答：2016 年 12 月 18 日《国土资源部关于进一步加快宅基地和集体建设用地确权登记发证有关问题的通知》（以下简称国土资发〔2016〕191 号文件）就备受关注的几个核心问题提供了以下政策供给：

第一，针对权籍调查问题。依照第二条、第四条的规定，开展房地一体的农村权籍调查，将农房等宅基地、集体建设用地上的定着物纳入工作范围，由县级以上地方人民政府统一组织开展。集体建设用地和房屋首次登记，权籍调查成果要在本集体经济组织范围内公示。开展农村房地一体权籍调查时，不动产登记机构（国土资源主管部门）应将宅基地、集体建设用地和房屋的权属调查结果送达农村集体经济组织，并且要求在村民会议或村民代表会议上说明，同时以张贴公告等形式公示调查结果。对于外出务工人员较多的地区，可通过电话、微信等方式将权属调查结果告知权利人及利害关系人。

第二，一户多宅确权登记问题。依照第五条的规定，宅基地使用权按照“一户一宅”要求，原则上确权登记到“户”。符合当地分户建房条件未分户，但未经批准另行建房分开居住的，其新建房屋占用的宅基地符合相关规划，经本农村集体组织同意并经公告无异议的，可按规定补办有关用地手续后，依法予以确权登记；未分开居住的，其实际使用的宅基地没有超过分户后建房用地合计面积标准的，依法按照实际使用面积予以确权登记。

第三，分阶段依法处理宅基地超面积问题。依照第六条的规定，农民集体成员经批准建房占用宅基地的，按照批准面积予以确权登记。未履行批准手续建房占用宅基地的，按1982年以前、1982—1987年、1987年以后3个历史阶段予以处理，即1982年《村镇建房用地管理条例》实施前，农民集体成员建房占用的宅基地范围在《村镇建房用地管理条例》实施后至今未扩大的，无论是否超过其后当地规定面积标准，均按实际使用面积予以确权登记。1982年《村镇建房用地管理条例》实施起至1987年《土地管理法》实施时止，农民集体成员建房占用的宅基地超过当地规定面积标准的，超过面积按国家和地方有关规定处理的结果予以确权登记。1987年《土地管理法》实施后，农民集体成员建房占用的宅基地符合规划但超过当地规定面积标准的，在办理相关用地手续后，依法对标准面积予以确权登记，超占面积在登记簿和权属证书附记栏中注明。依照2011年11月13日《国土资源部、中央农村工作领导小组办公室、财政部、农业部关于农村集体土地确权登记发证的若干意见》第七条的规定，超过标准的面积待以后分户建房或现有房屋拆迁、改建、翻建，政府依法实施规划重新建设时，按有关规定处理，并且按照各地规定的面积标准重新进行确权登记。历史上接受转让、赠予房屋占用的宅基地超过当地规定面积标准的，按照转让、赠予行为发生时对宅基地超面积标准的政策规定，予以确权登记。

第四，非本农民集体成员合法取得的宅基地使用权确权登记问题。依照第七条的规定，非本农民集体成员因扶贫搬迁、地质灾害防治、新农村建设、移民安置等按照政府统一规划和批准使用宅基地的，在退出原宅基地并注销登记后，依法确定新建房屋占用宅基地使用权。1982 年《村镇建房用地管理条例》实施前，非农业户口居民（含华侨）合法取得的宅基地或因合法取得房屋而占用的宅基地，范围在《村镇建房用地管理条例》实施后至今未扩大的，可按实际使用面积予以确权登记。1982 年《村镇建房用地管理条例》实施起至 1999 年《土地管理法》修订实施时止，非农业户口居民（含城镇居民和华侨）合法取得的宅基地或因合法取得房屋而占用的宅基地，按照批准面积予以确权登记，超过批准面积在登记簿和权属证书附记栏中注明。

1999 年后，城镇居民使用宅基地是否予以确权登记？国土资源部地籍司负责人在解释中强调，1999 年国办发文禁止城市居民再以自行建房或购买的方式获得宅基地。国发〔2004〕28 号文件在第二节第十目中再次明确加强农村宅基地管理，禁止城镇居民在农村购置宅基地。所以，1999 年之后城镇居民使用宅基地的，不确权登记。

第五，农村妇女和进城落户农民宅基地使用权确权登记问题。依照第八条的规定，农村妇女作为家庭成员，其宅基地权益应记载到不动产登记簿及权属证书上。农村妇女因婚嫁离开原农民集体，取得新家庭宅基地使用权的，应依法确权登记，同时注销其原宅基地使用权。农民进城落户后，其原合法取得的宅基地使用权应予以确权登记。

第六，对没有土地权属来源材料的宅基地、集体建设用地的确权登记。依照第十条的规定，应查明土地历史使用情况和现状，由所在农民集体或村委会对宅基地使用权人、面积、四至范围等进行确认后，公告 30 天无异议并出具证明，经乡（镇）人民政府审核，报县级人民政府审定，予以确权登记。对于没有权属来源材料的集体建设用地处理问题，同样应当查明土地历史使用情况和现状，认定属于合法使用的，经所在农民集体同意并公告30天无异议，经乡（镇）人民政府审核，报县级人民政府批准，予以确权登记。

【附录】

国土资源部、财政部、农业部关于加快推进农村集体土地确权登记发证工作的通知

国土资发〔2011〕60号

（摘录）

一、充分认识加快农村集体土地确权登记发证的重要意义

(1) 加快推进农村集体土地确权登记发证工作是维护农民权益、促进农村社会和谐稳定的现实需要。

（二）加快推进农村集体土地确权登记发证工作是落实最严格的耕地保护制度和节约用地制度、提高土地管理和利用水平的客观需要。

（三）加快推进农村集体土地确权登记发证工作是夯实农业农村发展基础、促进城乡统筹发展的迫切需要。

二、切实加快农村集体土地确权登记发证工作，强化成果应用

（一）完善相关政策。认真总结在农村集体土地确权登记发证工作方面的经验，围绕地籍调查、土地确权、争议调处、登记发证工作中存在的问题，深入研究，创新办法，细化和完善加快农村集体土地确权登记发证工作的政策。严禁通过土地登记将违法违规用地合法化。

（二）加快地籍调查。地籍调查是土地登记发证的前提，各地要加快地籍调查，严格按照地籍调查有关规程规范的要求，开展农村集体土地所有权、宅基地使用权、集体建设用地使用权调查工作，查清农村每一宗土地的权属、界址、面积和用途等基本情况。……要建立地籍信息系统，将地籍调查成果上图入库，纳入规

范化管理，在此基础上，开展土地总登记及初始登记和变更登记。……以土地登记为切入点，动态更新地籍调查成果资料，保持调查成果的现势性，确保上地登记结果的准确性。

（三）加强争议调处。要及时调处土地权属争议，……及时掌握集体土地所有权、宅基地使用权和集体建设用地使用权权属争议动态，有效化解争议，为确权创造条件。

（四）规范已有成果。结合全国土地登记规范化和土地权属争议调处检查工作，凡是农村集体土地所有权证没有确认到具有所有权的农民集体经济组织的，应当确认到具有所有权的农民集体经济组织；已经登记发证的宗地缺失档案资料以及不规范的，尽快补正完善；已经登记的宗地测量精度不够的，及时进行修补测；对于发现登记错误的，及时予以更正。

……

（六）强化证书应用。实行凭证管地用地制度。土地权利证书要发放到权利人手中，严禁以统一保管等名义扣留、延缓发放土地权利证书。各地根据当地实际，可以要求凡被征收的农村集体所有土地，在办埋征地手续之前，必须完成农村集体土地确权登记发证，在征地拆迁时，要依据农村集体土地所有证和农村集体土地使用证进行补偿；凡是依法进入市场流转的经营性集体建设用地使用权，必须经过确权登记，做到产权明晰、四至清楚、没有纠纷，没有经过确权登记的集体建设用地使用权一律禁止流转；农用地流转需与集体土地所有权确权登记工作做好衔接，确保承包地流转前后的集体所有性质不改变，土地用途不改变，农民土地承包权益不受损害；对新农村建设和农村建设用地整治涉及宅基地调整的，必须以确权登记发证为前提。

农村集体土地登记发证与集体建设用地流转、城乡建设用地增减、农用地流转、土地征收等各项重点工作挂钩。凡是到2012年底未按时完成农村集体土地所有权登记发证工作的，农转用、土地征收审批暂停，农村土地整治项目不予立项。

三、强化组织领导，强化督促落实

（一）加强组织领导。……省级人民政府国土资源部门要牵头成立相应的领导小组，负责本地区工作的组织和实施。市（县）政府是农村集体土地登记的法定主体，市（县）成立以政府领导为组长的工作领导小组，国土资源部门承担领导小组的日常工作，负责编制实施方案，分解任务，落实责任，明确进度，定期检查，抓好落实。农村集体土地所有权登记发证应当覆盖到本行政区内全部集体土地。

……

国土资源部、中央农村工作领导小组办公室、财政部、农业部关于农村集体土地确权登记发证的若干意见
国土资发〔2011〕178号
（摘录）

为切实落实《中共中央国务院关于加大统筹城乡发展力度进一步夯实农业农村发展基础的若干意见》（中央〔2010〕1号），国土资源部、财政部、农业部联合下发了《关于加快推进农村集体土地确权登记发证工作的通知》（国土资发〔2011〕60号），进一步规范和加快推进农村集体土地确权登记发证工作，现提出以下意见：

一、明确农村集体土地确权登记发证的范围

农村集体土地确权登记发证是对农村集体土地所有权和集体土地使用权等土地权利的确权登记发证。农村集体土地使用权包括宅基地使用权、集体建设用地使用权。农村集体土地所有权确权登记发证要覆盖到全部农村范围内的集体土地，包括属于农民集体所有

的建设用地、农用地和未利用地，不得遗漏。

二、依法依规开展农村集体土地确权登记发证工作

依照《中华人民共和国物权法》《中华人民共和国土地管理法》《土地登记办法》《土地权属争议调查处理办法》《确定土地所有权和使用权的若干规定》等有关法律政策文件以及地方性法规、规章的规定，本着尊重历史、注重现实、有利生产生活、促进社会和谐稳定的原则，在全国土地调查成果以及年度土地利用变更调查成果基础上，依法有序开展确权登记发证工作。

农村集体土地确权登记依据的文件资料包括：……县级以上人民政府国土资源行政主管部门的调解书；人民法院生效的判决、裁定或者调解书；当事人之间依法达成的协议；履行指界程序形成的地籍调查表、土地权属界线协议书等地籍调查成果；法律、法规等规定的其他文件等。

三、加快农村地籍调查工作

各地应以“权属合法、界址清楚、面积准确”为原则，……查清农村每一宗土地的权属、界址、面积和用途（地类）等，……形成完善的地籍调查成果，为农村集体土地确权登记发证提供依据。同时，要注意做好变更地籍调查及变更登记，保持地籍调查成果的现势性。

……

四、把农村集体土地所有权确认到每个具有所有权的农民集体

确定农村集体土地所有权主体遵循“主体平等”和“村民自治”的原则，按照乡（镇）、村和村民小组农民集体三类所有权主体，将农村集体土地所有权确认到每个具有所有权的农民集体。凡是村民小组（原生产队）土地权属界线存在的，土地应确认给村民小组农民集体所有，发证到村民小组农民集体；对于村民小组（原生产队）土地权属界线不存在并得到绝大多数村民认可的，应本着

尊重历史、承认现实的原则，对这部分土地承认现状，明确由村农民集体所有；属于乡（镇）农民集体所有的，土地所有权应确认给乡（镇）农民集体。

属于村民小组集体所有的土地，应当由其集体经济组织或村民小组依法申请登记并持有土地权利证书。对于村民小组组织机构不健全的，可以由村民委员会代为申请登记、保管土地权利证书。

涉及依法“合村并组”的，“合村并组”后土地所有权主体保持不变的，所有权仍然确权给原农民集体；“合村并组”后土地所有权主体发生变化并得到绝大多数村民认可的，履行集体土地所有权变更的法定程序后，按照变化后的主体确定集体土地所有权，并在土地登记簿和土地证书上备注各原农民集体的土地面积，

涉及依法开展城乡建设用地增减挂钩试点和农村土地整治的，原则上应维持原有土地权属不变；依法调整土地的，按照调整协议确定集体土地权利归属，并依法及时办理土地变更登记手续。

对于“撤村建居”后，未征收的原集体土地，只调查统计，不登记发证。调查统计时在新建单位名称后载明原农民集体名称。

在土地登记簿的“权利人”和土地证书的“土地所有权人”一栏，集体土地所有权主体按“××组（村乡）农民集体”填写。

五、依法明确农村集体土地所有权主体代表

属于村农民集体所有的，由村集体经济组织或者村民委员会受本农民集体成员的委托行使所有权；分别属于村内两个以上农民集体所有的，由村内各该集体经济组织或者村民小组代表集体行使所有权；属于乡（镇）农民集体所有的，由乡（镇）集体经济组织代表集体行使所有权；没有乡（镇）农民集体经济组织的，乡（镇）集体土地所有权由乡（镇）政府代管。在办理土地确权登记手续时，由农民集体所有权主体代表申请办理。

集体经济组织的具体要求和形式，可以由省（区、市）根据本

地有关规定和实际情况依法确定。

六、严格规范确认宅基地使用权主体

宅基地使用权应该按照当地省级人民政府规定的面积标准，依法确认给本农民集体成员。非本农民集体的农民，因地质灾害防治、新农村建设、移民安置等集中迁建，在符合当地规划的前提下，经本农民集体大多数成员同意并经有权机关批准异地建房的，可按规定确权登记发证。已拥有一处宅基地的本农民集体成员、非本农民集体成员的农村或城镇居民，因继承房屋占用农村宅基地的，可按规定登记发证，在《集体土地使用证》记事栏应注记“该权利人为本农民集体原成员住宅的合法继承人”。非农业户口居民（含华侨）原在农村合法取得的宅基地及房屋，房屋产权没有变化的，经该农民集体出具证明并公告无异议的，可依法办理土地登记，在《集体土地使用证》记事栏应注记“该权利人为非本农民集体成员”。

对于没有权属来源证明的宅基地，应当查明土地历史使用情况和现状，由村委会出具证明并公告30天无异议，经乡（镇）人民政府审核，报县级人民政府审定，属于合法使用的，确定宅基地使用权。

七、按照不同的历史阶段对超面积的宅基地进行确权登记发证（鉴于本条规定内容与上述国土资源部〔2016〕191号文件第六条规定基本一致且在前面已列明，因此在这里不再重述）

八、认真做好集体建设用地的确权登记发证工作

村委会办公室、医疗教育卫生等公益事业和公共设施用地、乡镇企业用地及其他经依法批准用于非住宅建设的集体土地，应当依法进行确权登记发证，确认集体建设用地使用权。将集体土地使用权依法确认到每个权利主体。凡依法使用集体建设用地的单位或个人应申请确权登记。

对于没有权属来源证明的集体建设用地，应查明土地历史使用情况和现状，认定合法使用的，由村委会出具证明并公告30天无异议的，经乡（镇）人民政府审核，报县级人民政府审批，确权登记发证。

九、妥善处理农村违法宅基地和集体建设用地问题

违法宅基地和集体建设用地必须依法依规处理后方可登记。对于违法宅基地和集体建设用地，应当查明土地历史使用情况和现状，对符合土地利用总体规划与村（镇）规划以及有关用地政策的，依法补办用地批准手续后，进行登记发证。

十、严格规范农村集体土地确权登记发证行为

结合全国土地登记规范化检查工作，全面加强土地登记规范化建设。严格禁止搞虚假土地登记，严格禁止对违法用地未经依法处理就登记发证。对于借户籍管理制度改革或者擅自通过“村改居”等方式非经法定征收程序将农民集体所有土地转为国有土地、农村集体经济组织非法出让或出租集体土地用于非农业建设、城镇居民在农村购置宅基地、农民住宅或“小产权房”等违法用地，不得登记发证。对于不依法依规进行土地确权登记发证或登记不规范造成严重后果的，严肃追究有关人员责任。

……

除上述政策外，更应关注中共中央、国务院自2013年以来每年颁发的一号文件，2011年3月16日发布的“十二五”规划纲要，2011年2月发布的《关于开展农村土地承包经营权登记试点工作的意见》（农经发〔2011〕2号），2012年9月6日发布的《国土资源部关于规范土地登记的意见》（国土资发〔2012〕134号）；从法律法规层面看，还有《物权法》《不动产登记暂行条例》（国务院令第656号）、《不动产登记暂行条例实施细则》（国土资源部令第63号）等。

第六章　不动产确权登记相关事宜

89. 不动产物权设立、变更、转让和消灭为什么必须依法登记才发生法律效力？

答：物权变动，通常采用特定登记公示方式才可产生法律效力。不动产通常采用登记公示方式，而动产则采用占有交付公示方式。公示规则的法律意义就在于确定物权的归属，其登记即不动产物权归属的证据。根据《物权法》第九条第一款、第十七条、第十九条的规定，即便这个人事实上不是真正的权利人，但不动产登记簿上记载的就是这个人，那么法律上承认的权利人也就是这个人。，因此，不动产物权登记的权利只是法律推定效力，并非绝对“真正”，不具有绝对的证明效力。一旦当事人有足够的相反证据时，上述推定就可以被推翻，以维护事实上的“真正权利人”。利害关系人认为不动产登记簿记载的事项错误的，可以申请更正登记，不动产登记簿记载的权利人不同意更正的，利害关系人还可以申请异议登记。证据确凿，法院会予以直接采纳，确认真正权利人的权利，推翻不动产登记簿上的记载，倘若证据不足，法院会按登记簿记载确定权利归属，以维护不动产登记簿的效力。

90. 哪些财产可申请办理不动产抵押登记？

答：依照2016年1月1日国土资源部颁布实行的《不动产登记暂行条例实施细则》第六十五条的规定，对下列财产进行抵押的，可以申请办理不动产抵押登记：

（1）建设用地使用权。

（2）建筑物和其他土地附着物。

（3）海域使用权。

（4）以招标、拍卖、公开协商等方式取得的荒地等同等承包经营权。

（5）正在建造的建筑物。

（6）法律、行政法规未禁止抵押的其他不动产。

以建设用地使用权、海域使用权抵押的，该土地、海域上的建筑物、构筑物一并抵押；以建筑物、构筑物抵押的，该建筑物、构筑物占用范围内的建设用地使用权、海域使用权一并抵押。

91. 申请变更抵押登记的法定情形有哪些?

答：依照《不动产登记暂行条例实施细则》第六十八条的规定，具有下列法定情形之一的，当事人应当持不动产权属证书、不动产登记证明、抵押权变更等必要材料，申请抵押权变更登记：

（1）抵押人、抵押权人的姓名或名称变更的。

（2）被担保的主债权数额变更的。

（3）债务履行期限变更的。

（4）抵押权顺位变更的。

（5）法律、法规规定的其他情形。

因被担保债权主债权的种类及数额、担保范围、债务履行期限、抵押权顺位发生变更申请抵押权变更登记时，如果该抵押权的变更将对其他抵押权人产生不利影响的，还应当提交其他抵押权人书面同意的材料与身份证或户口本等材料。

92. 在哪些法定情形下可申请抵押权注销登记?

答：根据《不动产登记暂行条例实施细则》第七十条的规定，有下列情形之一的，当事人可持不动产登记证明、抵押权消灭材料等必要材料，申请抵押权注销登记：

（1）主债权消灭。

（2）抵押权已经实现。

（3）抵押权人放弃抵押权。

（4）法律、法规规定抵押权消灭的其他情形。

93. 土地和地上附着物能否登记为不同主体？

答：依照《不动产登记暂行条例实施细则》第二条第二款的规定，不动产登记实行的是房地一致原则，即房屋等建筑物、构筑物和森林、林木等定着物应当与所依附的土地、海域一并登记，保持权利主体一致。

94. 物权登记上为什么有权属证书和登记簿之分？

答：根据《物权法》第十六条第二款、第十七条的规定，一是持有人不同，不动产权属证书是权利人享有该不动产物权的证明，由不动产权利人持有保存；二是法律效力不同，权属证书只是记载相关法律事实和法律行为的文书，法律虽也赋予了其具有证据作用，但其只是权属证书的外在表现形式，并不能直接决定实体法律关系是否存在，不具有代表不动产物权的功能，交易中权属证书只能起到初步的证据作用。而不动产登记簿的证据力优于权属证书，二者记载的事项不一致时，法院会以登记簿优于权属证书的效力原则，以登记簿记载的事项为准。那么对登记簿记载的真实性认定，法院将依照不动产登记的权利推定原则判定。被法院推定登记簿记载事项为真实又无相反证据的情况下，法院即做肯定性认定；相反，登记簿确有瑕疵，法院会据相反证据做出否定认定。

95. 什么是土地总登记或初始登记？

答：依照2007年12月30日《土地登记办法》第二十一条、第二十五条和《不动产登记暂行条例实施细则》第二十四条的规定，土地总登记是指在一定时间内对辖区内全部土地或特定区域内土地进行的全部登记；初始登记，是指不动产权利第一次登记，即土地总登记之外对设立的土地权利进行的登记。

96. 什么是土地登记或房屋登记?

答：依照《土地登记办法》第二条的规定，土地登记是指将国有土地使用权、集体土地所有权、集体土地使用权和土地抵押权、地役权及依照法律法规规定需要登记的其他土地权利记载于土地登记簿公示的行为。

依照2008年7月1日施行的《房屋登记办法》（建设部令第168号）第二条的规定，房屋登记是指房屋登记机构依法将房屋权利和其他应当记载的事项在房屋登记簿上予以记载的行为。

97. 哪些设立的土地权利需申请初始登记?

答：依照《土地登记办法》第二十六条至第三十五条、《不动产登记暂行条例实施细则》第四十八条的规定，申请下列方式设立的土地使用权登记为初始登记：

（1）申请划拨国有建设用地使用权的。

（2）申请出让国有建设用地使用权的。

（3）划拨国有建设用地使用权已依法转为出让国有建设用地使用权的。

（4）依法以国有土地租赁方式取得国有建设用地使用权的。

（5）依法以国有土地使用权作价出资或入股方式取得国有建设用地使用权的。

（6）以国家授权经营方式取得国有建设用地使用权的。

（7）申请集体土地所有权的。

（8）依法使用本集体土地进行建设的。

（9）集体土地所有权人依法以集体建设用地使用权入股、联营等形式兴办企业的。

（10）依法使用本集体土地进行农业生产的。

（11）依法以承包方式在土地上从事种植业或养殖业生产活

动的。

（12）依家庭承包方式取得土地承包经营权的。

（13）以招标、拍卖、公开协商等方式取得农村土地的。

土地所有人、发包方、承包方、当事人分别申请集体土地使用权初始登记时，应当分别持集体土地所有权证明材料，有批准权的人民政府批准的用地文件、批准文件和相关合同，农用地使用合同，土地承包经营合同等材料，向土地所在地的县级以上人民政府国土资源行政主管部门提出土地登记申请。

98. 当事人申请因继承、受遗赠取得不动产登记应提交哪些材料？

答：依照《不动产登记暂行条例实施细则》第十四条的规定，当事人应当提交死亡证明材料、遗嘱或全部法定继承人关于不动产分配的协议，以及与被继承人的亲属关系材料等，也可以提交经公证的材料或生效的法律文书。

99. 当事人申请因继承、分家析产、集体经济组织内部互换房屋等导致房地使用权转移登记应提交哪些材料？

答：依照《不动产登记暂行条例实施细则》第四十二条的规定，申请人应当根据不同情况提交下列材料：

（1）不动产权属证书或其他权属来源材料。

（2）依法继承的材料。

（3）分家析产的协议或材料。

（4）集体经济组织内部互换房屋的协议。

（5）其他必要材料。

100. 申请宅基地使用权及房屋所有权首次登记应当提交哪些材料？

答：依照《不动产登记暂行条例实施细则》第四十一条的规定，申请宅基地使用权及房屋所有权首次登记，根据不同情况提交下列材料：

（1）申请人身份证和户口簿。

（2）不动产权属证书或有批准权的人民政府批准用地的文件等权属来源材料。

（3）房屋符合规划者建设的相关材料。

（4）权籍调查表、宗地图、房屋平面图及宗地界址点坐标等有关不动产界址、面积等材料。

（5）其他必要材料。

101. 登记机构受理登记申请后，将对哪些情况进行重点查看？

答：依照《物权法》第十二条第二款、《不动产登记暂行条例实施细则》第十六条、《房屋登记办法》第十九条的规定，申请登记的不动产有关情况需要进一步证明的，登记机构可以要求申请人补充材料，必要时可以实地查看，并且重点查看以下情况：

（1）房屋等建筑物、构筑物所有权首次登记，查看房屋坐落及其建造完成等情况。

（2）在建建筑物抵押权登记，查看抵押的在建建筑物坐落及其建造等情况。

（3）因不动产灭失导致的注销登记，查看不动产灭失等情况。

（4）房屋所有权初始登记。

（5）在建工程抵押权登记。

（6）因房屋灭失导致的房屋所有权注销登记。

（7）法律法规规定的应当实地查看的其他房屋登记。

房屋登记机构实地查看时，申请人应当予以配合。

102. 登记机构应对哪些应当登记事项记载于登记簿前进行公告？

答：依照《不动产登记暂行条例实施细则》第十七条的规定，有下列情形之一的，登记机构应当在登记事项记载于登记簿前进行公告，但涉及国家秘密的除外：

（1）政府组织的集体土地所有权登记。

（2）宅基地使用权及房屋所有权，集体建设用地使用权及建筑物、构筑物所有权，土地承包经营权等不动产权利的首次登记。

（3）依职权更正登记。

（4）依职权注销登记。

（5）法律、行政法规规定的其他情形。

公告应当在不动产登记机构门户网站及不动产所在地等指定场所进行，公告期不少于15个工作日。公告所需时间不计算在当期办理时限内。公告期满无异议或异议不成立的，应当及时记载于不动产登记簿。

103. 不动产登记公告包括哪些主要内容?

答：依照《不动产登记暂行条例实施细则》第十八条的规定，不动产登记公告主要包括以下内容：

（1）拟予登记的不动产权利人的姓名或名称。

（2）拟予登记的不动产坐落、面积、用途、权利类型等。

（3）提出异议的期限、方式和受理机构。

（4）需要公告的其他事项。

104. 单方可否申请办理不动产登记？申请登记的法定情形有哪些?

答：依照《不动产登记暂行条例实施细则》第十九条、《土地登记办法》第七条的规定，当事人可以持人民法院、仲裁委的生效法律文书或人民政府的生效决定单方申请不动产登记。

有下列情形之一的，不动产登记机构直接办理不动产登记：

（1）人民法院持生效法律文书和协助执行通知书要求不动产登记机构办理登记的。

（2）人民检察院、公安机关依据法律规定持协助查封通知书要求办理查封登记的。

（3）人民政府依法做出征收或收回不动产权利决定生效后，要求不动产登记机构办理注销登记的。

（4）法律、行政法规规定的其他情形。

不动产登记机构认为登记事项存在异议的，应当依法向有关机关提出审查建议。

依照《土地登记办法》第七条的规定，土地登记应当由当事人共同申请，但有下列情形之一的，可以单方申请：

（1）土地总登记。

（2）国有土地使用权、集体土地所有权、集体土地使用权的初始登记。

（3）因继承或遗赠取得土地权利的登记。

（4）因人民政府已经发生法律效力的土地权属争议处理决定而取得土地权利的登记。

（5）因人民法院、仲裁机构已经发生法律效力的法律文书而取得土地权利的登记。

（6）更正登记或异议登记。

（7）名称、地址或用途变更登记。

（8）土地权利证书的补发或换发。

（9）其他依照规定可以由当事人单方申请的情形。

105. 不动产权利人在哪些法定情形下可申请变更登记？

答：依照《不动产登记暂行条例实施细则》第二十六条的规定，有下列情形之一的，不动产权利人可以向不动产登记机构申请变更登记：

（1）权利人姓名、名称、身份证明类型或身份证明号码发生变更的。

（2）不动产的坐落、界址、用途、面积等状况变更的。

（3）不动产权利期限、来源等状况发生变化的。

（4）同一权利人分割或合并不动产的。

（5）抵押担保的范围、主债权数额、债务履行期限、抵押权顺位发生变化的。

（6）最高额抵押担保的债权范围、最高债权额、债权确定期间等发生变化的。

（7）地役权的利用目的、方法等发生变化的。

（8）共有性质发生变更的。

（9）法律、行政法规规定的其他不涉及不动产权利转移的变更情形。

依照《土地登记办法》第三十九条至第四十六条的规定，具有下列情形之一的，当事人可向土地所在地土地登记机构申请土地使用权变更登记：

（1）依法以出让、国有土地租赁、作价出资或入股方式取得的国有建设用地使用权转让的。

（2）因依法买卖、交换、赠予地上建筑物、构筑物及其附属设施涉及建设用地使用权转移的。

（3）因法人或其他组织合并、分立、兼并、破产等原因致使土地使用权发生转移的。

（4）因处分抵押财产而取得土地使用权的。

（5）土地使用权抵押期间，土地使用权依法发生转让的。

（6）经依法登记的土地抵押权因主债权被转让而转让的。

（7）因人民法院、仲裁机构生效的法律文书或因继承、受遗赠取得土地使用权，当事人申请登记的，权利人在办理登记之前先行转让该土地使用权或设定团队抵押权的，应当依照本办法先将土地权利申请登记到其名下后，再申请办理土地权利变更登记。

（8）已经设定地役权的土地使用权转移后，当事人申请登记的。

（9）土地权利人姓名或名称、地址发生变化的。

（10）土地的用途发生变更的。

106. 当事人对哪些法定情形导致不动产权利转移可向不动产登记机构申请转移登记?

答：依照《不动产登记暂行条例实施细则》第二十七条的规定，因下列情形导致不动产权利转移的可向不动产登记机构申请转移登记：

（1）买卖、互换、赠予不动产的。

（2）以不动产作价出资（入股）的。

（3）法人或其他组织因合并、分立等原因致使不动产权利发生转移的。

（4）不动产分割、合并导致权利发生转移的。

（5）继承、受遗赠导致权利发生转移的。

（6）共有人增加或减少，以及共有不动产份额变化的。

（7）因人民法院、仲裁委的生效法律文书导致不动产权利发生转移的。

（8）因主债权转移引起不动产抵押权转移的。

（9）因需役地不动产权利转移引起地役权转移的。

（10）法律、行政法规规定的其他不动产权利转移情形。

107. 房屋登记机构为债务人办理房屋转移登记，债权人不服提起的诉讼，应符合哪些法定情形?

答：依照2010年11月5日《最高人民法院关于审理房屋登记案件若干问题的规定》（以下简称法释〔2010〕15号文件）第四条的规定，房屋登记机构为债务人办理房屋转移登记，债权人不服提起诉讼，符合下列情形之一的，人民法院应当依法受理：

（1）以房屋为标的物的债权已办理预告登记的。

（2）债权人为抵押权人且房屋转让未经其同意的。

（3）人民法院依债权人申请对房屋采取强制执行措施并已通知房屋登记机构的。

（4）房屋登记机构工作人员与债务人恶意串通的。

108. 公民、法人或其他组织对房屋登记行为不服的诉讼，不受哪些情形的影响？

答：依照法释〔2010〕15号文件第三条的规定，公民、法人或其他组织对房屋登记行为不服提起行政诉讼的，不受下列情形的影响：

（1）房屋灭失。

（2）房屋登记行为已被登记机构改变。

（3）生效法律文书将房屋权属证书、房屋登记簿或房屋登记证明作为定案证据采用。

109. 同一房屋多次转移登记，原房屋权利人、利害关系人对首次及后续转移登记行为提起行政诉讼的，法院应否受理？

答：依照法释〔2010〕15号文件第五条的规定，原房屋权利人、利害关系人对首次转移登记行为提起行政诉讼的，人民法院应当依法受理。

原房屋权利人、利害关系人对首次转移登记行为及后续转移登记行为一并提起行政诉讼的，人民法院应当依法受理；人民法院判决驳回原告就先转移登记行为提出的诉讼请求，或者因保护善意第三人确认在先房屋登记行为违法的，应当裁定驳回原告对后续转移登记行为的起诉。

原房屋权利人、利害关系人未就首次转移登记行为提起行政诉讼，对后续转移登记行为提起行政诉讼的，人民法院不予受理。

110. 当事人以房屋登记行为的基础民事法律关系无效或应当撤销为由提起的行政诉讼，法院是否受理？

答：依照法释〔2010〕15号文件第八条的规定，当事人以作为房屋登记行为基础的买卖、共有、赠予、抵押、婚姻、继承等民事法律关系无效或应当撤销为由，对房屋登记行为提起行政诉讼的，人民法院应当告知当事人先行解决民事争议，民事争议处理期间不计算在行政诉讼期限内；已经受理的，裁定中止诉讼。

111. 在房屋登记行为合法性诉讼中，对原告、被告的举证责任是如何分配的？

答：依照法释〔2010〕15号文件第九条、第十条的规定，被告对被诉房屋登记行为合法性负举证责任。被告保管证据原件的，应当在法庭上出示。被告不保管原件的，应当提交与原件核对一致的复印件并做出说明。当事人对被告提交的上述证据提出异议的，应当提供相应的证据。

被诉房屋登记行为合法的，人民法院应当判决驳回原告的诉讼请求。

112. 人民法院受理房屋登记行政案件后，哪些利害关系人可作为第三人参加诉讼？

答：依照法释〔2010〕15号文件第六条的规定，人民法院受理房屋登记行政案件后，应当通知没有起诉的下列利害关系人作为第三人参加行政诉讼：

（1）房屋登记簿上载明的权利人。

（2）被诉异议登记、更正登记、预告登记的权利人。

（3）人民法院能够确认的其他利害关系人。

113. 已经登记的土地承包经营权在哪些法定情形下可申请变更登记？

答：依照《不动产登记暂行条例实施细则》第四十九条的规定，已经登记的土地承包经营权有下列情形之一的，承包方应当持原不动产权属证书及其他证实发生变更事实的材料，申请土地承包经营权变更登记：

（1）权利人的姓名或名称等事项发生变化的。

（2）承包土地的坐落、名称、面积发生变化的。

（3）承包期限依法变更的。

（4）承包期限届满，土地承包经营权人按照国家有关规定继续承包的。

（5）退耕还林、退耕还湖、退耕还草导致土地用途改变的。

（6）森林、林木的种类等发生变化的。

（7）法律、行政法规规定的其他情形。

114. 已经登记的土地承包经营权在哪些法定情形下可申请转移登记？

答：依照《不动产登记暂行条例实施细则》第五十条的规定，已经登记的土地承包经营权有下列情形之一的，当事人双方应当持互换协议、转让合同等材料，申请土地承包经营权的转移登记：

（1）互换。

（2）转让。

（3）因家庭关系、婚姻关系变化等原因导致土地承包经营权分割或合并的。

（4）依法导致土地承包经营权转移的其他情形。

以家庭承包方式取得的土地承包经营权，采取转让方式流转的，还应当提供发包方同意的材料。

115. 是否可以单独申请土地使用权及合并申请地上附着物所有权登记？

答：依照《不动产登记暂行条例实施细则》第四十条、第四十四条的规定，是可以的。单独申请土地使用权及申请合并地上附着物所有权是指取得或利用宅基地、建设用地的两种不同情形，即单独申请宅基地、建设用地使用权，针对的是依法取得宅基地、建设用地使用权的情形；合并申请地上附着物所有权，针对的是依法利用宅基地、集体建设用地建造住房及其附属设施、兴办企业、建设公共设施、从事公益事业，除宅基地、集体建设用地使用权登记还涉及地上建筑物所有权登记的情形。

116. 申请集体建设用地使用权及地上附着物所有权首次登记应提交哪些材料？

答：依照《不动产登记暂行条例实施细则》第四十五条的规定，申请人应当根据不同情况提交下列材料：

（1）有批准权的人民政府批准用地的文件等土地权属来源材料。

（2）建设工程符合规划的材料。

（3）权籍调查表、宗地图、房屋平面图及宗地界址点坐标等有关不动产界址、面积等材料。

（4）建设工程已竣工的材料。

（5）其他必要材料。

集体建设用地使用权首次登记完成后，申请人申请建筑物、构筑物所有权首次登记的，应当提交享有集体建设用地使用权的不动产权属证书。

117. 申请集体建设用地使用权及地上附着物所有权变更、转移、注销登记应提交哪些材料？

答：申请集体建设用地使用权及地上附着物所有权变更、转移、注销登记的，依照《不动产登记暂行条例实施细则》第四十六条的规定，申请人应当根据不同情况提交下列材料：

（1）不动产权属证书。

（2）集体建设用地使用权及地上附着物所有权变更、转移、消灭的材料。

（3）其他必要材料。

因企业兼并、破产等原因致使集体建设用地使用权及建筑物、构筑物所有权发生转移的，申请人应当持相关协议及有关部门的批准文件等相关材料，申请不动产转移登记。

118. 申请在建建筑物抵押权首次登记，当事人应提交哪些材料？

答：申请在建建筑物抵押权首次登记，依照《不动产登记暂行条例实施细则》第七十六条、第七十七条第二款的规定，当事人应当提交下列材料：

（1）抵押合同与主债权合同。

（2）享有建设用地使用权的不动产权属证书。

（3）建设工程规划许可证。

（4）其他必要材料。

在建建筑物竣工，办理建筑物所有权首次登记时，当事人应当申请将在建建筑物抵押权登记转为建筑物抵押权登记。

119. 当事人申请在建建筑物抵押权变更、转移或注销登记应提交哪些材料？

答：依照《不动产登记暂行条例实施细则》第七十七条第一款的规定，在建建筑物抵押权变更、转移或消灭的，当事人申请变更、转移或注销登记的，应提交下列材料：

（1）不动产登记证明。

（2）在建建筑物抵押权发生变更、转移或消灭的材料。

（3）其他必要的材料。

120. 申请预购商品房抵押登记应提交哪些材料？

答：申请预购商品房抵押登记，依照《不动产登记暂行条例实施细则》第七十八条的规定，应当提交下列材料：

（1）抵押合同与主债权合同。

（2）预购商品房预告登记材料。

（3）其他必要的材料。

预购商品房办理房屋所有权登记后，当事人应当申请将预购商品房抵押预告登记转为商品房抵押权首次登记。

121. 何为预购商品房贷款抵押登记？

答：依照2001年8月15日《建设部关于修改〈城市房地产抵押管理办法〉的决定》（建设部令第98号）第三条、第四条的规定，房地产抵押是指抵押人以其合法的房地产以不转移占有的方式向抵押权人提供债务履行担保的行为。债务人不履行债务时，债权人有权依法以抵押的房地产拍卖所得的价款优先受偿。抵押人是指将依法取得的房地产提供给抵押权人，作为本人或第三人履行债务担保的公民、法人或其他组织。预购商品房贷款抵押是指购房人在支付首期规定的房价款后，由贷款银行代其支付其余的购房款，将所购商品房抵押给贷款银行作为偿还贷款履行担保的行为。以依法取得的房屋所有权抵押的，根据房地一致原则，该房屋占用范围内的土地使用权必须同时抵押。

122. 房地产抵押登记应遵循怎样的法定程序？

答：依照建设部2001年8月15日实施的《城市房地产抵押管理办法》第三十条至第三十五条的规定，房地产抵押合同自签订之日起30日内，抵押当事人应当到房地产所在地的房地产管理部门办理房地产抵押登记。房地产抵押合同自抵押登记之日起生效。

办理房地产抵押登记，应当向登记机关交验下列文件：

（1）抵押当事人的身份证明或法人资格证明。

（2）抵押登记申请书。

（3）抵押合同。

（4）《国有土地使用权证》《房屋所有权证》或《房地产权证》，共有的房屋还必须提交《房屋共有权证》和其他共有人同意抵押的证明。

（5）可以证明抵押人有权设定抵押权的文件与证明材料。

（6）可以证明抵押房地产价值的资料。

（7）登记机关认为必要的其他文件。

登记机关应对申请人的申请进行审核。凡权属清楚、证明材料齐全的，应当在受理登记之日起 7 日内决定是否予以登记；对不予登记的，应当书面通知申请人。

以依法取得房屋所有权证书的房地产抵押的，登记机关应当在原《房屋所有权证》上做他项权利记载后，由抵押人收执，并且向抵押权人颁发《房屋他项权证》。

以预售商品房或在建工程抵押的，登记机关应当在抵押合同上做记载。抵押的房地产在抵押期间竣工的，当事人应当在抵押权人领取房地产权属证书后，重新办理房地产抵押登记。

抵押合同发生变更或抵押关系终止时，抵押当事人应当在变更或终止之日起 15 日内，到原登记机关办理变更或注销抵押登记。

因依法处分抵押房地产而取得土地使用权和土地建筑物、其他附着物所有权的，抵押当事人应当自处分行为生效之日起 30 日内，到县级以上地方人民政府房地产管理部门申请房屋所有权转移登记，并且凭变更后的房屋所有权证书向同级人民政府土地管理部门申请土地使用权变更登记。

123. 抵押权可否随债权转让?

答：依照《城市房地产抵押管理办法》第三十七条的规定，抵押权可以随债权转让。抵押权转让时，应当签订抵押转让合同，并且办理抵押权变更登记。抵押权转让后，原抵押权人应当告知抵押人。

经债权人同意，抵押房地产可以转让或出租。

抵押房地产转让或出租所得价款，应当向抵押权人提前清偿所担保的债权。超过债权数额的部分，归抵押人所有；不足部分，由债务人清偿。

本办法所称抵押权人，是指接受房地产抵押作为履行债务担保的公民、法人或其他组织。

124. 抵押权人对抵押房地产的处分因哪些法定情形而中止？

答：依照《城市房地产抵押管理办法》第四十六条的规定，因下列情形而中止：

（1）抵押权人请求中止的。

（2）抵押人申请愿意并证明能够及时履行债务，并且经抵押权人同意的。

（3）发现被拍卖抵押物有权属争议的。

（4）诉讼或仲裁中的抵押房地产。

（5）其他应当中止的情形。

125. 抵押人擅自处分抵押物行为给第三人造成损失的，是否应承担赔偿责任？

答：依照《城市房地产抵押管理办法》第四十九条的规定，抵押权人擅自以出售、出租、交换、赠予或以其他方式处分抵押房地产的，其行为无效；造成第三人损失的，由抵押人赔偿。

126. 对抵押当事人因履行抵押合同或处分抵押房地产发生的争议如何处理？

答：依照《城市房地产抵押管理办法》第五十条的规定，发生上述争议，当事人可以协商解决；协商不成的，抵押当事人可以根据双方达成的仲裁协议向仲裁机构申请仲裁；没有仲裁协议的，可以直接向人民法院提起诉讼。

127. 因国家建设需要，将已设定抵押权的房地产列入拆迁范围的，如何处理相关事宜？

答：因国家建设需要，将已设定抵押权的房地产列入拆迁范围的，依照《城市房地产抵押管理办法》第三十八条、第五十一条的规定，抵押人应当及时书面通知抵押权人；抵押双方可以重新设定抵押房地产，也可以依法清理债权债务，解除抵押合同；抵押人不依法清理债务，也不重新设定抵押房地产的，抵押权人可以向人民法院提起诉讼。

128. 抵押人占用与管理的房地产风险责任由谁承担?

答：依照《城市房地产抵押管理办法》第三十九条的规定，抵押人占用与管理的房地产发生毁损、灭失的，抵押人应当及时将情况告知抵押权人，并且应当采取措施防止损失的扩大。抵押的房地产因抵押人的行为造成损失使抵押房地产价值不足以作为履行债务的担保时，抵押权人有权要求抵押人重新提供或增加担保以弥补不足。

抵押人对抵押房地产价值减少无过错的，抵押权人只能在抵押人因损害而得到的赔偿范围内要求提供担保。抵押房地产价值未减少的部分，仍作为债务的担保。

129. 抵押权人在哪些法定情形下有权要求并依什么程序处分抵押的房地产?

答：依照《城市房地产抵押管理办法》第四十条、第四十一条、第四十二条的规定，有下列情况之一的，抵押权人有权要求处分抵押房地产：

（1）债务履行期满，抵押权人未受清偿的，债务人又未与抵押权人达成延期履行协议的。

（2）抵押人死亡或被宣告死亡而无人代为履行到期债务的；或者抵押人的合法继承人、受遗赠人拒绝履行到期债务的。

（3）抵押人被依法宣告解散或破产的。

（4）抵押人违反本办法的有关规定，擅自处分抵押房地产的。

（5）抵押合同约定的其他情况。

有上述情况之一的，经抵押当事人协商可以通过拍卖等合法方式处分抵押房地产。协议不成的，可以向人民法院提起诉讼。

抵押权人处分房地产时，应当事先书面通知抵押人；抵押房地产为共有或出租的，还应当同时书面通知共有人或承租人；在同等条件下，共有人或承租人依法享有优先购买权。

130. 当事人在哪些法定情形下可申请不动产预告登记？

答：预告登记，是不动产物权法中一项重要而特殊的登记制度，鉴于法律赋予预告登记请求权物权效力，因此对保障当事人权益、维护不动产物权法律关系稳定及交易安全具有重要意义。预告所登记的不是现实的不动产物权，而是将来发生不动产物权变动请求权。它是在约定的财产登记条件不具备时，为保全将来物权变动的无障碍进行而就相关请求权进行的登记。债权请求权的存在是预告登记的前提，债权消灭，预告登记自然失去存在的基础。依照《物权法》第二十条、《不动产登记暂行条例实施细则》第八十五条的规定，当事人签订买卖房屋或其他不动产物权的协议，为保障将来实现物权，按照约定可以向登记机构申请预告登记。预告登记后，未经预告登记的权利人同意而处分该不动产的，不发生物权效力。

有下列情形之一的，当事人可以按照约定申请不动产预告登记：

（1）商品房等不动产预售的。

（2）不动产买卖、抵押的。

（3）以预购商品房设定抵押权的。

（4）法律、行政法规规定的其他情形。

预告登记生效期间，未经预告登记的权利人书面同意，处分该不动产权利申请登记的，不动产登记机构应当不予办理。

预告登记后，债权未消灭且自能够进行相应的不动产登记之日起3个月内未申请登记的，预告登记失效；债权未消灭且自能够进行不动产登记之日起3个月内，当事人申请不动产登记的，不动产登记机构应当按照预告登记事项办理相应的登记。

131. 权利人、利害关系人可否申请更正登记簿登记？申请更正登记簿登记应提交哪些材料？

答：依照《物权法》第十九条、《不动产登记暂行条例实施细则》第七十九条的规定，权利人、利害关系人认为不动产登记簿记载的事项错误的，可以申请更正登记。不动产登记簿记载的权利人书面同意更正或有证据证明登记确有错误的，登记机构应当予以更正。

申请人申请更正登记应当提交下列材料：

（1）不动产权属证书。

（2）证实登记确有错误的材料。

（3）其他必要的材料。

利害关系人申请更正登记的，应当提交利害关系材料、证实不动产登记簿记载错误的材料及其他必要材料。

132. 权利人不同意更正不动产登记簿记载，利害关系人该怎么办？

答：依照《物权法》第十九条、《不动产登记暂行条例实施细则》第八十二条第一款的规定，利害关系人认为不动产登记簿记载的事项错误申请更正登记，不动产登记簿记载的权利人不同意更正的，利害关系人可以申请异议登记。登记机构予以异议登记的，申请人在异议登记之日起15日内不起诉，异议登记失效。异议登记不当，造成权利人损害的，权利人可以向申请人请求损害赔偿。

133. 如何理解利害关系人申请更正登记和异议登记的法律意义？

答：依照《物权法》第十四条、第十六条的规定，不动产登记簿是物权归属和内容的依据，是不动产物权的公示方式，具有公信力。通常情况下，尽管不动产物权登记与实际不动产物权是一致的，但实践告诉我们，不能排除登记瑕疵的可能性。由于瑕疵，导致不动产的真正权利人的权利不稳定，随时处于丧失或被侵害的可能中，为切实维护真正权利人和利害关系人的不动产权利，《物权法》第十九条赋予了他们申请更正和异议登记的权利。

更正登记是对登记瑕疵和登记权利进行的改正、补充和涂销登记，同时也是对真正权利的初始登记。其启动方式分为个人申请和登记机关依职权登记两种。根据《物权法》第十一条的规定，登记方式规定的显然是申请方式。异议登记，依照《物权法》第十九条第二款规定，是登记簿记载的权利人不同意更正登记的情况下，为保护真正权利人和利害关系人的利益所采取的暂时中断登记簿的公信力的一种临时性措施。所谓临时性措施，表现在暂时限制登记簿记载的权利人处分不动产、第三人利用登记簿公信力取得物权的行为。为消除异议登记导致不动产不稳定状态及其负面延续，为遵循物尽其用、鼓励交易的民事财产的立法宗旨，特别对异议登记在时间上予以了必要限制，即申请人在异议登记之日起 15 日内不起诉的，异议登记失效。异议登记失效后，将产生登记记载的权利人恢复对记载内容行使处分权及第三人依公信力取得物权的法律后果，在提起确权之诉和案件实体审理上，依照法释〔2016〕5 号文件第三条的规定，当事人提起民事诉讼，请求确认物权归属的，应当依法受理。异议登记失效不影响人民法院对案件的实体审理。异议登记不当，给权利人造成损害的，依照《物权法》第十九条第二款的规定，权利人可以向申请人请求损害赔偿。

134. 为什么规定了更正登记还规定异议登记？

答：根据《物权法》第十九条第一款的规定，登记机构予以更正登记的法定条件是登记簿登记记载的权利人书面同意或有证据证明登记确有错误的才能完成更正登记。这里所指的证据，最具证明力的当属法院。仲裁机构做出的生效判决书、仲裁书、其他相关证据的证明力由登记机构依法认定。异议登记，是登记簿记载的权利人不同意更正登记的情况下，为保护真正权利人和利害关系人的利益所采取的暂时中断登记簿的公信力的一种临时性措施，其临时性即非根本改正、补充和涂销登记，仅表现在暂时限制登记簿记载的权利人处分不动产、第三人利用登记簿公信力取得物权的行为。

135. 确权之诉如何理解与行使？

答：物权，无论企业中财产称谓的产权界定，还是土地管理中的土地确权，根据《物权法》第三十三条、《民事诉讼法》第三条的规定，其实质都是由与特定物有利害关系的人，请求行政机关或法律授权的专门机构、司法部门确认物权归属和内容进而解决争议的行为。确认物权请求权属于物权请求权，是物权保护的前提，只有通过确认物权，才能明确特定物的归属和内容，进而使物权人据此进一步行使物权延生的如返还原物、排除妨碍、赔偿损失、修理、更换、重作等相关请求权。根据《物权法》第九条、第十条、第十四条、第二十八条和《中华人民共和国仲裁法》第二条、第三条第二项的规定，对物权归属和内容做出权威性判定的是国家公权力，而非普通民事主体私权力。因此，确权申请不能直接向物权相对人提出，只能向有关权力机关、司法部门、仲裁机构提出。确权，依照《物权法》第三十三条的规定，不仅包括物权的归属，还包括物权的内容。所谓物权归属，就是指确认物权的权力主体。该权力主体既包括所有权的权利人，也包括用益物权、担保物权的权利人。所谓物权的内容，是指所有权、用益物权、担保物权不同的具体要素和功能。

136. 利害关系人申请异议登记应提交哪些材料？

答：依照《不动产登记暂行条例实施细则》第八十二条第二款的规定，利害关系人申请异议登记应当提交下列材料：

（1）证实对登记的不动产权利有利害关系的材料。

（2）证实不动产登记簿记载的事项错误的材料。

（3）其他必要材料。

137. 异议登记失效产生怎样的法律后果？

答：鉴于异议登记具有导致不动产物权不稳定状态的消极作用，为避免这种不稳定状态的长期延续，根据《物权法》第十九条第二款、法释〔2016〕5号文件第三条的规定，15日是一个不变期限。超过这个期限不起诉，异议登记失效。其失效的法律后果：一是保护申请人权益临时性措施的法律效果灭失，而登记记载的权利人的财产处分权恢复；二是第三人依据登记簿的公信力有权取得物权；三是当事人提起民事诉讼，请求确认物权归属的，法院应当依法受理；四是异议登记失效不影响人民法院对案件的实体审理；五是异议登记不当，造成权利人损害的，权利人可以向申请人请求损害赔偿。

138. 不动产登记机构受理异议登记申请后，在运作程序上是如何规定的？

答：依照《不动产登记暂行条例实施细则》第八十三条、第八十四条的规定，不动产登记机构受理异议登记申请的，应当将异议事项记载于不动产登记簿，并且向申请人出具异议登记证明。

异议登记申请人应当在异议登记之日起15日内，提交人民法院受理通知书、仲裁委受理通知书等提起诉讼、申请仲裁的材料；逾期不提交的，异议登记失效。

异议登记失效后，申请人就同一事项以同一理由再次申请异议登记的，不动产登记机构不予受理。

异议登记期间，不动产登记簿上记载的权利人及第三人因处分权利申请登记的，不动产登记机构应当书面告知申请人该权利已经存在异议登记的有关事项。申请人申请继续办理的，应当予以办理，但申请人应当提供知悉异议登记存在并自担风险的书面承诺。

139. 登记机构应当履行哪些法定职责?

答：依照《物权法》第十二条的规定，登记机构应当履行下列职责：

（1）查验申请人提供的权属证明和其他必要材料。

（2）就有关登记事项询问申请人。

（3）如实、及时登记有关事项。

（四）法律、行政法规规定的其他职责。

140. 对登记机构规定了哪些禁止性行为?

答：依照《物权法》第十三条的规定，登记机构不得有下列行为：

（1）要求对不动产进行评估。

（2）以年检名义进行重复登记。

（3）超出登记职责范围的其他行为。

141. 不动产登记机构对哪些给他人造成损害的错误登记行为承担赔偿责任?

答：依照《物权法》第二十一条第二款，2014 年 11 月 24 日《不动产登记暂行条例》第二十九条、第三十二条，法释〔2010〕15 号文件第十二条、第十三条的规定，因登记错误、违反国家规定、泄露不动产登记资料或利用不动产登记资料、登记信息进行不正当活动给他人造成损害的，依法承担赔偿责任。

申请人提供虚假材料办理房屋登记，给原告造成损害，房屋登记机构未尽合理审慎职责的，应当根据其过错程度及其在损害发生中所起作用承担相应的赔偿责任。

房屋登记机构工作人员与第三人恶意串通违法登记，侵犯原告合法权益的，房屋登记机构与第三人承担连带赔偿责任。

142. 登记中的哪些错误行为由登记机构的工作人员承担相应法律责任?

答：根据《物权法》第二十一条第二款，《不动产登记暂行条例》第三十条、第三十二条，《不动产登记暂行条例实施细则》第一百零三条的规定，登记机构工作人员进行虚假登记、损毁、伪造不动产登记簿，擅自修改登记事项，或者有其他滥用职权、玩忽职守行为的；违反国家规定，泄露不动产登记资料、登记信息，或者利用不动产登记资料、登记信息进行不正当活动给他人造成损害的，即便由登记机构承担了赔偿责任，但登记机构赔偿后也应依法向过错工作人员追偿。特别明确有下列行为之一，依法给予处分；构成犯罪的，依法追究刑事责任：

（1）对符合登记条件的登记申请不予登记，对不符合登记条件的申请予以登记的。

（2）擅自复制、篡改、毁损、伪造不动产登记簿的。

（3）泄露不动产登记资料、登记信息的。

（4）无正当理由拒绝申请人查询、复制登记资料的。

（5）强制要求权利人更换新的权属证书的。

房屋登记机构工作人员与第三人恶意串通违法登记，侵犯原告合法权益的，依照法释〔2010〕15号文件第十三条的规定，房屋登记机构与第三人承担连带赔偿责任。

143. 当事人应当对自己的哪些错误登记行为后果担责?

答：依照《物权法》第二十一条第一款、《不动产登记暂行条例》第三十一条的规定，当事人提供虚假材料申请登记，给他人造成损害的，承担赔偿责任；伪造、变造不动产权属证书、不动产登记证明，或者买卖、使用伪造、变造的不动产权属证书、不动产登记证明的，由不动产登记机构或公安机关依法予以收缴；有违法所得的，没收违法所得；给他人造成损害的，依法承担赔偿责任；构成违反治安管理行为的，依法给予治安管理处罚；构成犯罪的，依法追究刑事责任。《不动产登记暂行条例实施细则》第一百零四条特别规定：当事人违反本实施细则规定，有下列行为之一，构成违反治安管理行为的，依法给予治安管理处罚；给他人造成损失的，依法承担赔偿责任；构成犯罪的，依法追究刑事责任：

（1）采用提供虚假材料等欺骗手段申请登记。

（2）采用欺骗手段申请查询、复制登记资料。

（3）违反国家规定，泄露不动产登记资料、登记信息。

（4）查询人遗失、拆散、调换、抽取、污损登记资料的。

（5）擅自将不动产登记资料带离查询场所、损坏查询设备的。

144. 不动产登记是否有期限？

答：依照《不动产登记暂行条例》第二十条、第二十一条第二款的规定，除法律另有规定的外，不动产登记机构应当自受理登记申请之日起 30 个工作日内办结不动产登记手续。

不动产登记机构完成登记，应当依法向申请人核发不动产权属证书或登记证明。

145. 对不动产在哪些情形下不予登记？

答：依照《不动产登记暂行条例》第二十二条的规定，登记申请有下列情形之一的，不动产登记机构应当不予登记，并且书面告知申请人：

（1）违反法律、行政法规规定的。

（2）存在尚未解决的权属争议的。

（3）申请登记的不动产权利超过规定期限的。

（4）法律、行政法规规定不予登记的其他情形。

146. 土地权属争议处理法定程序有哪些？

答：依照《土地管理法》第十六条，2010 年 11 月 30 日《土地权属争议调查处理办法》（国土资源部令第 49 号）第五条、第九条、

第十条、第十一条、第十三条的规定，土地所有权和使用权争议，当事人双方应当本着平等互利、公平合理的原则协商解决。当事人达成的协议不得违反有关法律法规的规定，不得损害国家、集体的利益和其他公民的合法权益。协商不成的，向县级以上或乡级人民政府提出处理申请。单位之间的争议，由县级以上人民政府处理；个人之间、个人与单位之间的争议，由乡级人民政府或县级以上人民政府处理，也可以向有关的国土资源行政主管部门提出调查处理申请。这就必须由一方利害关系人以书面形式向政府或国土资源行政主管部门提出调查处理申请，写明申请人和被申请人的姓名或名称、地址、邮政编码、法定代表人姓名和职务，请求的事项、事实与理由，证人的姓名、工作单位、住址、邮政编码，并且提供争议地块示意图及相关证据材料，以及土地行政主管部门接到当事人申请书之日起 7 个工作日内提出是否受理的意见。

认为应当受理的，在决定受理之日起 5 个工作日内将申请书副本发送被申请人，被申请人应当在接到申请书副本之日起 30 日内提交答辩书和有关证据材料。逾期不交答辩书的，不影响案件的处理。政府受理后，对双方争议先行调解，调解达成的协议，应当制作调解书，调解书经双方当事人签名或盖章，由经办人署名、加盖土地行政主管部门印章后生效。土地行政主管部门，应当在调解书生效之日起 15 日内送达当事人，并且抄报上一级土地行政主管部门。

调解不成的，政府依法做出处理决定。至于行文问题，根据《国家土地管理局关于对土地权属争议处理问题答复的函》（〔1991〕国土函字第 186 号），土地管理部门作为人民政府的职能部门，负责土地争议的调查，提出处理意见报人民政府，处理决定由人民政府下达或由人民政府授权，加盖人民政府土地权属专用章，由土地管理部门行文。当事人对有关人民政府处理决定不服的，可以自接到处理决定通知之日起 30 日内，向人民法院起诉。

土地行政主管部门认为不应当受理的，应当及时拟定不予受理建议书，报同级人民政府做出不予受理决定。

当事人对不予受理决定不服的，可以依法申请行政复议或提起行政诉讼。

147. 对行政行为不服或行政不作为，法律赋予了当事人哪些救济权利?

答：(1) 申请行政复议权。依照《行政诉讼法》第四十四条、1999 年 11 月 24 日《最高人民法院关于执行〈中华人民共和国行政诉讼法〉若干问题的解释》(以下简称法释〔2000〕8 号文件) 第三十三条第一款的规定，对属于人民法院受案范围的行政案件，公民、法人或其他组织可以先向行政复议机关申请复议，对复议决定不服的，再向法院提起诉讼；也可以直接向法院提起诉讼。

法律、法规规定应当先向行政机关申请行政复议，公民、法人或其他组织未申请复议直接提起诉讼的，法院不予受理。

(2) 行政复议前置。当事人对行政机关具体行政行为不服，法律、法规规定必须经过而未经过行政复议直接提起行政诉讼的，依照《行政诉讼法》第四十四条第二款、法释〔2000〕8 号文件第三十三条第一款的规定，人民法院将不予受理，但行政诉讼并未违反法律、法规复议前置规定的，人民法院应予受理。如何适用，司法实践中通常区分以下不同情况：一是可选择性。依照《行政复议法》第四十四条第一款和 2010 年 11 月 30 日修正的《土地权属争议调查处理办法》第十三条第四款、第三十一条第一款的规定，对政府做出的处理决定、不予受理决定不服，可以依法申请行政复议或提起行政诉讼；对县级以上地方各级人民政府工作部门的具体行政行为不服的，当事人可以向该部门的本级人民政府，也可以向上一级主管部门申请行政复议。法律赋予了当事人的选择权。当事人一旦选择了行政复议，依照法释〔2000〕8号文件第三十四条的规定，就丧失了诉权，复议决定就成为发生法律效力的终局裁决。二是二级复议前置。依照《行政复议法》第十三条第一款的规定，对地方各级人民政府的具体行政行为不服的，向上一级地方人民政府申请行政复议。这就是说，当事人对行政机关具体行政行为不服，必须经上一级行政机关复议后不服的，才能提起行政诉讼，不经上一级行政机关复议，直接提起行政诉讼的，人民法院将不予受理，这就是二级复议前置程序。依照2007年5月29日《行政复议法实施条例》（国务院令第499号）第三十一条、《行政复议法》第二十条的规定，上级行政机关认为行政复议机关不予受理行政复议申请的理由不成立的，可以先行督促其受理；经督促仍不受理的，应当责令其限期受理，必要时可以直接受理；认为行政复议申请不符合法定受理条件的，应当告知申请人。三是对某类具体行政行为，法律、法规只规定了申请行政复议，没有规定可以提起行政诉讼，而《行政诉讼法》却规定可提起行政诉讼。如《行政复议法》第六条第四项做出的对行政机关做出的关于确认土地、矿藏、水流、森林、山岭、草原、荒地、滩涂、海域等自然资源的所有权或使用权决定不服的，规定了可申请行政复议，并未规定可以提起行政诉讼，而《行政诉讼法》第十二条第四项对上述行政机关做出的同样具体行政行为不服却规定了可依法提起行政诉讼，并未规定可以提起行政复议。在这种情况下，当事人不具有行政复议或行政诉讼选择权。只有对复议不服的，才可提起行政诉讼。原因在于，行政诉讼依照该法第十二条规定的受案范围，只包括违法行政案件，而行政复议依照《行政复议法》第六条规定的复议范围，除涵盖了行政诉讼受案范围的违法行政案件外，还包括不当行政行为，显然在受案范围限制上，行政诉讼较行政复议范围更大。因此，不少案件在适用的法律程序上，尽管只规定了行政复议，未规定行政诉讼，当事人在司法实践中，就复议不服仍然可提起行政诉讼。

（3）行政复议前置程序后的提起行政诉讼权。依照《行政诉讼法》第四十五条、法释〔2000〕8号文件第三十九条、《行政复议法》第十九条、《土地管理法》第十六条第三款的规定，申请人对复议机关决定不予受理或受理后超过行政复议期限不作答复，或者不服复议决定，复议机关在接到申请之日起在法定60日期限内不履行法定职责、逾期不作决定、不予答复，既有违法律规定，同时又属于行政不作为，申请人在复议期满或接到复议决定之日起15日内，可依法向法院提起行政诉讼。

（4）向上一级法院投诉申请立案权。依照《行政诉讼法》第五十一条第四款、第五十二条的规定，对于法院不接受诉状、接收后不出具书面凭证，以及不一次告知当事人需要补正的起诉状内容的，当事人可以向上一级法院投诉，上级人民法院应当责令改正，并且对直接负责的主管人员和其他的直接责任人员依法给予处分。法院既不立案又不做出不予立案裁定的，当事人可以向上一级法院起诉。上一级法院认为符合起诉条件的，应当立案、审理，也可以指定其他下一级法院立案、审理。

（5）审查不规范文件请求权。依照《行政诉讼法》第五十三条、第六十四条和2015年5月1日《最高人民法院关于适用〈中华人民共和国行政诉讼法〉若干问题的解释》（以下简称法释〔2015〕9号文件）第二十条、第二十一条的规定，诉讼中，当事人认为行政行为所依据的国务院部门和地方人民政府及其部门制定的规范性文件（不含规章）不合法，在对行政行为提起诉讼时，可以一并请求对该规范性文件进行审查。审查认为上述被审查的规范性文件不合法的，不作为认定行政行为合法的依据，并且向制定机关提出处理建议；公民、法人者其他组织请求人民法院一并审查《行政诉讼法》第五十三条规定的规范性文件，应当在一审开庭审理前提出；有正当理由的，也可以在法庭调查中提出。

规范性文件不合法的，人民法院不作为认定行政行为合法的依据，并且在裁判理由中阐明。做出生效裁判的人民法院，应当向规范性文件的制定机关提出处理建议，并且可以抄送制定机关的同级人民政府或上一级行政机关。

（6）诉讼主体。依照《行政诉讼法》第二十六条、法释〔2000〕8号文件第二十二条的规定，公民、法人或其他组织直接向人民法院提起诉讼的，做出行政行为的行政机关是被告。

经复议的案件，复议机关决定维持原行政行为的，做出原行政行为的行政机关和复议机关为共同被告；复议机关改变原行政行为的，复议机关为被告。

复议机关在法定期限内未做出复议决定，当事人起诉原行政行为的，做出原行政行为的机关为被告；起诉复议机关不作为的，复议机关为被告。

两个以上行政机关做出同一行政行为的，共同做出行政行为的行政机关为共同被告。复议机关在法定期限内不做复议决定，当事人对原具体行政行为不服提起诉讼的，应当以做出原具体行政行为的行政机关为被告；当事人对复议机关不作为不服提起诉讼的，应当以复议机关为被告。

148. 法律对起诉期限有何规定？

答：（1）起算和期限的一般规定：依照《行政诉讼法》第四十六条的规定，当事人提起行政诉讼，应当自知道或应当知道做出行政行为之日起6个月内提出。法律另有规定的除外。因不动产起诉的案件自行政行为做出之日起超过20年，其他案件自行政行为做出之日起超过5年起诉的，人民法院不予受理。

（2）法律对政府处理决定不服的起诉期限：依照《土地管理法》第十六条第三款的规定，当事人对有关人民政府的处理决定不服，可以自接到处理决定通知之日起 30 日内，向人民法院起诉。

（3）申请行政复议的期限：依照《行政复议法》第九条的规定，公民、法人或其他组织认为具体行政行为侵犯其合法权益的，可以自知道该具体行政行为之日起 60 日内提出行政复议申请。法律规定的申请期限超过 60 日的除外。

因不可抗力或其他正当理由超出法定申请期限的，申请期自障碍消除之日起继续计算。

（4）不受理复议申请、逾期不答复或对复议决定不服的起诉期限：依照《行政复议法》第十九条、《行政诉讼法》第四十五条的规定，法律、法规规定应当先向行政复议机关申请行政复议，对行政复议决定不服再向人民法院提起行政诉讼的，行政复议机关决定不予受理，受理后超过行政复议期限不做答复或当事人对复议决定不服的，公民、法人或其他组织可以分别自复议期满或收到不予受理或复议决定书之日起 15 日内，依法向人民法院提起行政诉讼。

（5）行政机关不履行法定职责的起诉期限：依照《行政诉讼法》第四十七条、法释〔2000〕8 号文件第三十九条的规定，当事人申请行政机关履行保护其人身权、财产权等合法权益的法定职责，行政机关接到申请之日起两个月内不履行的，可以提起行政诉讼，人民法院应当依法受理。法律、法规对行政机关履行职责的期限另有规定的，从其规定。在紧急情况下，公民、法人或其他组织请求行政机关履行保护其人身权、财产权合法权益的法定职责，行政机关不履行的，提起诉讼不受前款规定期限的限制。

（6）期限的扣除和延长：当事人因不可抗力或其他不属于其自身原因耽误起诉期限的，依照《行政诉讼法》第四十八条第一款的规定，被耽误的时间不计算在起诉期限内。但该款规定之外的其他特殊情况耽误起诉期限的，在障碍消除后 10 日内，可以申请延长期限，是否准许由人民法院决定。

149. 法律对行政诉讼被告主体是如何规定的?

答：行政诉讼被告，是被原告起诉实施了侵犯自己合法权益具体行政行为的行政机关或法律、法规授权的组织。依照《行政诉讼法》第二十六条的规定，被告的主体范围是特定的，公民、法人或其他任何组织，因他们既不是行政单位，也非法律所授权，所以不是被告主体；权力机关、军事、监察、司法机关，依照《中华人民共和国宪法》第六十二条、第九十三条、第一百二十九条、第一百二十七条的规定，也因为分别属于权利、武装、法律监督、司法机关不具有行政职权，因此都不能作为被告。行政机关作为被告也只能是其工作人员以行政机关名义所实施的可诉具体行政行为，鉴于工作人员是代行行政机关的管理职责，他本人也不能作为行政诉讼的被告。由此不难看出，被告是否适格十分重要。它决定着被告是否拥有行政诉讼的资格。如果被告不适格，司法机关在一审程序中应当告知原告变更被告；原告不同意变更的，依照法释〔2000〕8号文件第二十三条、第四十四条第三项的规定，裁定驳回起诉。应当追加被告而原告不同意追加的，司法机关应当通知其以第三人的身份参加诉讼。

(1) 直接起诉的案件，依照《行政诉讼法》第二十六条第一款的规定，以做出具体行政行为的行政机关为被告。

(2) 申请行政复议的案件，公民、法人或其他组织对行政机关的具体行政行为不服申请复议的，依照《复议法》第十条第四款的规定，以做出具体行政行为的行政机关为被申请人。

(3) 经复议的案件，依照《行政诉讼法》第二十六条第二款、第三款的规定，复议机关决定维持原行政行为的，做出原行政行为的行政机关和复议机关是共同被告；复议机关改变原行政行为的，复议机关为被告；复议机关在法定期限内未做出复议决定，当事人起诉原行政行为的，做出原行政行为的机关为被告；起诉复议机关不作为的，复议机关是被告。

（4）两个以上行政机关做出同一行政行为的案件，依照《行政诉讼法》第二十六条第四款的规定，共同做出行政行为的行政机关是共同被告。

（5）行政机关委托的组织所做的行政行为的案件，依照《行政诉讼法》第二十六条第五款的规定，委托的行政机关是被告。

（6）行政机关被撤销或职权变更后的行政行为案件，依照《行政诉讼法》第二十六条第六款的规定，继续行使其职权的行政机关是被告。

（7）当事人不服经上级行政机关批准的具体行政行为提起诉讼的案件，依照法释〔2000〕8号文件第十九条的规定，应当以在对外发生法律效力的文书上署名的行政机关为被告。

（8）行政机关组建并赋予行政管理职能但不具备独立承担法律责任能力的机构，以自己名义做出具体行政行为；行政机关的内设或派出机构，在没有法律、法规或规章授权的情况下，以自己名义做出具体行政行为；行政机关内设、派出机构或其他组织，超出法定授权范围实施行政行为，当事人不服分别提起诉讼的案件，依照法释〔2000〕8号文件第二十条的规定，应当分别以组建该机构的行政机关、以自己名义做出具体行政行为的该行政机关、实施该行为的机构或组织为被告。

（9）行政机关在没有法律、法规或规章规定的情况下，授权其内设、派出机构或其他组织行使行政职权的，当事人不服提起诉讼的案件，依照法释〔2000〕8号文件第二十一条的规定，应当视为委托，应当以该行政机关为被告。

150. 什么是行政诉讼第三人？

答：依照《行政诉讼法》第二十九条、法释〔2000〕8号文件第二十四条的规定，行政诉讼第三人是具体行政行为涉及的利害关系人。同被诉行政行为有利害关系但没有提起诉讼，或者同案件处理结果有利害关系的，可以在本诉开始但未结束的诉讼中作为第三人参加诉讼。显然，他既不是行政诉讼中的原告，也非被告，而是与行政行为或与案件处理结果有利害关系但未提起诉讼的人。如确权案件裁判后，一方当事人不服裁决提起诉讼，另一方主张权利的当事人即行政诉讼第三人。第三人因与被诉具体行政行为有利害关系，具有独立资格的诉讼参加人，因此其有权提出与本案有关的诉讼主张，根据自己所受具体行政行为的影响情况，独立提出不同于原告或被告的诉讼主张，也可与原告、被告一方的诉讼主张相一致。其如何参加到诉讼中，一是自己申请参加，二是由法院通知参加。不管以何种方式参加，都必须定格在诉讼开始后到判决宣告前这个时间段。鉴于第三人与具体行政行为有利害关系，司法判决结果会对第三人的权利义务产生影响，因此法律赋予第三人对判决不服的上诉权。

151. 哪些案件不能作为土地权属争议案件处理？

答：依照《土地权属争议调查处理办法》第十四条的规定，土地侵权案件、行政区域边界争议案件、土地违法案件、农村土地承包经营权争议案件及其他不作为土地权属争议的案件，不作为土地权属争议案件处理。

152. 当事人申请调查处理土地权属争议应当符合哪些条件？

答：当事人申请调查处理土地权属争议，依照《土地权属争议调查处理办法》第十条的规定，应当符合以下两个条件：

（1）申请人与争议的土地有直接利害关系。

（2）有明确的请求处理对象、具体的处理请求和事实根据。

153. 村民申请住宅用地，政府不作为，怎么办？

答：从《物权法》第一百五十二条之规定可以看出，宅基地是农民的安身立命之本，属于物权法上的用益物权，是农民的一项重要财产权，具有福利性和社会保障功能，能够确保农村居民的住有所居，进而维护广大农村的和谐稳定。依照《土地管理法》第六十二条的规定，农村居民住宅用地的批准，是县、乡（镇）两级人民政府的法定审核、批准职权。对农民因确需宅基地又符合法定申请条件而提出的申请不审核或不批准，都是不履行法定职责的行为。村民递交申请后，两级人民政府在60日的法定期限内不给予任何答复，就是懒政不作为，村民依照《行政诉讼法》第四十七条第一款、法释〔2000〕8号文件第三十九条第一款的规定，提起行政诉讼的，法院应当依法受理。原告应当提交以下证据：

（1）证明起诉符合法定条件。

（2）在起诉被告不作为案件中，证明自己已提出过申请且已超过60日的事实。

在履行期限上，法律、法规另有规定的，从其规定；紧急情况下的请求履行期限，还可不受前款规定60日期限的限制。

154. 在行政不作为之诉中，司法机关能否支持原告要求判决政府批准宅基地的申请主张?

答：司法机关是不可能支持原告这一诉讼主张的。其理由：一是《行政诉讼法》第六条规定的行政诉讼中，法院仅对行政机关做出的具体行政行为的合法性进行审查。对于不作为之诉，法院应审查的是行政机关是否有相应法定职责。二是在行政不作为之诉中，《土地管理法》第六十二条明确规定，当事人宅基地申请的审查与批准的行政权赋予了人民政府。法院行使司法权而不具有行政权。法院审判权与行政机关的行政权，是两种截然不同的职权，司法机关不能以判决代替行政审批，司法机关只能依照《行政诉讼法》第七十四条第二款第三项的规定，判决违法，而不能判决政府批准宅基地。

155. 一方以另一方侵占了自己宅基地使用权为由，能否向法院提起侵权之诉?

答：宅基地确权与侵权是完全不同的两个概念，不能笼统说行还是不行，要区分两种不同情况。一种是原告一方没有取得宅基地使用证的情况。鉴于该情况下的宅基地争议属于双方宅基地边界不清争议，而非不服行政机关的行政行为之诉，一来该争议不属于《行政诉讼法》第十二条、法释〔2000〕8号文件第一条规定的行政诉讼受案范围；二来对于土地权属争议的处理，《土地管理法》第十六条第一款明确规定土地所有权、使用权争议由当事人协商解决，协商不成的，由人民政府处理；这就是行政诉讼法设置的诉讼前置程序。也就是说，不能隔着门槛上炕，只有首先协商、申请人民政府处理不服，才能提起行政诉讼。另一种情况是诉求人一方宅基地使用权已经过登记确权发证，即人民政府做出过处理决定或持有宅基地使用证的情况。鉴于宅基地使用权，根据物权法定原则，属于用益物权，是物权的类型之一，是对他人所有之物在一定范围内设定的使用、收益之权利。如果诉求人有事实证明另一方侵占了自己的宅基地使用权，可依照《中华人民共和国侵权责任法》（以下简称《侵权责任法》）第二条的规定，直接向司法机关提起侵权之诉。

156. 符合分户建房规定而未分户，村民宅基地面积如何确权?

答：依照〔1995〕国土籍字第26号文件第四十七条、第五十一条的规定，其现有宅基地没有超过分户建房用地合计面积标准的，可按现有宅基地面积确定集体土地建设用地使用权；其面积超过当地政府规定标准的，可在土地登记卡和土地证书内注明超过标准面积的数量，待以后分户建房或现有房屋拆迁、改建、翻建或政府依法实施规划重新建设时，按当时政府规定的面积标准重新确定使用权，其超过部分退还集体。

157. 以1982年2月《国务院关于发布〈村镇建房用地管理条例〉的通知》为界，之前村民宅基地超标，之后老房依旧，该宅基地如何确权？

答：之前宅基地面积虽超标，但之后如果原房屋并未经历拆迁、改建、翻建，依照〔1995〕国土籍字第26号文件第四十五条、第五十一条的规定，可暂按现有实际使用面积确定集体土地建设用地使用权，可在土地登记卡和土地证书内注明超过标准面积的数量，待以后现有房屋拆迁、改建、翻建或政府依法实施规划重新建设时，按当时政府规定的面积标准重新确定使用权，其超过部分退还集体。

158. 自1982年2月《国务院关于发布〈村镇建房用地管理条例〉的通知》发布至1987年1月《土地管理法》开始实施，村民建房占用宅基地面积超标，如何确权？

答：在这个时间段里，村民建房占用宅基地面积超标的确权，依照〔1995〕国土籍字第26号文件第四十六条的规定，超标部分按1986年3月《中共中央、国务院关于加强土地管理、制止乱占耕地的通知》（中发〔1986〕7号）及地方人民政府有关规定处理，并且按处理后实际使用面积确定集体土地建设用地使用权。

159. 应如何看待村集体经济组织与村民签订的对换宅基地协议的效力？

答：为建设美丽乡村，各村都在为本村的有序发展精心做出合理规划，疏通街道，加大集体设施建设投入，必然涉及规划线上的个别农户的住宅搬迁。为了既不影响本村的规划大局，又要保障搬迁户宅基地合法使用权，通常情况下，村集体经济组织与规划红线上的搬迁户，通过协议的形式约定双方互换宅基地的权利与义务。至于这种协议的法律效力，鉴于其是平等主体之间自愿达成的权利和义务关系真实意思的表示，并不违反《合同法》第五十二条和其他法律、行政法规的强制性规定，因此是有效的。依照《合同法》第八条的规定，依法登记成立的合同，对当事人具有法律约束力。当事人应当按照约定履行自己的义务，不得擅自变更或解除合同。经依法变更、登记成立的合同，受法律保护。

160. 其他共用人明知宅基地其中一使用人擅自在共用宅基地上建房两年后，其他共用人提起侵权之诉，能否得到支持?

答：依照民法理论，任何宅基地共同使用权人使用共用宅基地应该通过协商分摊使用面积，之所以其他共用人明知一宅基地使用人擅自在共用宅基地上建房当时未提出异议，在生活实践中，他们多半存在亲属关系，情面上难以启齿。当时未提出异议，视为对自己享有宅基地使用权的放弃。未经协商，宅基地使用权一方擅自在共用宅基地上建房，依照1984年8月30日《最高人民法院关于贯彻执行民事政策法律若干问题的意见》第七条第62项的规定，只要不妨碍他人和公共利益，建房人可继续使用。既然宅基地共用，表明共用人各自使用面积界限不清，对其他共用人的宅基地使用权不构成侵权，不经行政处理前置程序，不能首先提起行政诉讼。所以，上述共用人的侵权之诉不会得到支持。

161. 如何处理相邻一方占用他人小部分宅基地建房的纠纷?

答：一方占用他人小部分（甚至仅几厘米）宅基地建房，虽特殊，但相邻关系中也比较常见，特别是当今农村居民十分珍惜宅基地的情况下，寸土必争似乎成为一种常态。宅基地使用权，《物权法》将其归属于用益物权，被占宅基地只要已确权，其他建房人有侵占，哪怕是几厘米，依照《侵权责任法》第二条的规定，对被侵占的宅基地使用权人同样构成侵权。被侵权人较真是维权的必然选择，应予肯定。侵权人如何承担侵权责任，《侵权责任法》第十五条规定了八种承担侵权责任的方式，如果侵权人房屋已建好，拆除房屋、返还侵占的宅基地或分割房屋，尽管并不违反法律的规定，但这种处理结果会对已建好的房屋价值造成巨大损害，而不拆除、不分割、不返还宅基地，必然损害被侵权人宅基地使用权，有违法律的规定，况且拆除房屋、返还宅基地也并不是唯一承担责任的方式。如何处理更公平，法院会权衡利弊，兼顾公平与正义的原则，通常会判决侵权人在房屋翻盖时退出侵占的宅基地；在未退出之前，侵权人对被侵权人承担相应责任。

第三篇

房地产交易

第七章　农村版

162. 什么是“小产权房”?

答：所谓的小产权房，依照《土地管理法》第四十三条、第六十三条的规定，最高法专家法官著述与主流观点的解释是利用农村集体经济组织或开发商打着新农村建设的名义，出售建设在集体土地上或由农民自行组织建造销售的房屋，即生活中俗称的“小产权房”。鉴于其不符合我国现行法律规定，为法律所禁止，因此在法律上是地地道道的无产权房，是非法产品，不受法律保护。在当前不动产确权中，针对分散登记形成的历史遗留问题，原国土资源部与住房和城乡建设部曾发出通知，“小产权房”不得借不动产登记洗白，要求各地依法妥善处理，为不动产权利人排忧解难，但不允许所谓的小产权房借此合法化。“小产权房”的出现已不是近一两年的事，开始仅是一些少数明星、艺术家为休闲、养老购买市郊农村集体土地或农家院盖别墅。根据相关部门掌握的情况，从 2013 年起，买卖“小产权房”者越来越多，一直发展成为社会的热点。之所以“小产权房”屡禁不止，主要源于我国城乡二元土地所有制划分和农村集体土地流转制度上的问题，土地的二元结构导致二者不能同价同权，存在事实上的不平等。一方面，农村土地征收补偿远低于其市场价值；另一方面，城市商品房房价居高不下，中下层居民在难以承受的情况下，为图便宜而选择购买“小产权房”，抱着法不责众、法难责众的心理和凭借所谓社会经验，进而助推了“小产权房”的发展。显然，“小产权房”是高房价时代催生的副产品。鉴于“小产权房”发展范围之广、数量之大，已形成一股气候，因此从法律、治理层面上来说，它已不是一个简单的法律问题了，而是一个与体制和机制相关联的政治、经济、民生问题。解决“小产权房”问题，社会、法律层面专家学者通论认为，从尊重集体土地所有权开始，既不能单纯从法律上着眼，也不能搞一刀切，要实现法律、社会效果的高度融合双赢。我们相信国家会采取措施，在制止“小产权房”发展蔓延势头的基础上，深入研究，分类分析，采取针对性措施，妥善化解历史形成的“小产权房”问题。在国家未出台新规、新政前，依照《土地管理法》《国务院办公厅关于加强土地转让管理严禁炒卖土地的通知》（以下简称国办发〔1999〕39号文件）第二条的规定，“小产权房”仍按非法产品对待。

163. 如何理解房随地走、地随房走的原则？

答：房随地走、地随房走，是司法部门审理农村房屋所有权人和宅基地使用权人分离时的民事确权之诉中经常适用的两种原则，是指房屋所有权人与该房屋所占用土地的土地使用权人不得分离的原则。经查阅我国曾颁布的大量法律、法规、规章，并未发现1982年的《村镇建房用地管理条例》之前有过对宅基地使用权的相关规定。地随房走原则，始于《村镇建房用地管理条例》第十五条的规定，第一次提出“由于买卖房屋而转移宅基地使用权的，应按第十四条的规定办理申请、审查、批准手续”。而且，依照1984年8月30日的《最高人民法院关于贯彻执行民事政策法律若干问题的意见》第七条第60项规定，村镇公民之间由于买卖房屋转移宅基地使用权而发生的纠纷，应根据国务院《村镇建房用地管理条例》中规定的审查、批准手续处理。该意见第64项强调，公民在城镇依法买卖房屋时，该宅基地的使用权应随房屋所有权一起转归新房主使用。其后的1990年12月31日《城市房屋产权产籍管理暂行办法》

(建设部令第7号) 第三条再次明确城市房屋的产权与该房屋占用土地的使用权实行权利人一致的原则，除法律、法规另有规定的外，不得分离。依据1986年6月25日国家颁布、1988年5月29日修正的《土地管理法》第三十条和2004年8月28日第二次修正的该法第四十七条第二款的规定，在征地补偿中把房屋列为被征用地上的附着物一并转让，明确了房随地走原则。同时，还有国务院令第55号第二十三条“土地使用权转让时，其地上建筑物、其他附着物所有权随之转让”，以及2007年8月30号修改后的《中华人民共和国城市房地产管理法》（以下简称《城市房地产管理法》）第三十二条“房地产转让、抵押时，房屋的所有权和该房屋占用范围内的土地使用权同时转让、抵押”的规定。基于以上不同时期的法律、法规、规章、政策的规定，不难得出以下结论：一是1982年《村镇建房用地管理条例》颁布之前，对农村宅基地使用权的审批没有具体规定，宅基地使用权随着地上房屋产权人的变动而变动，不需要办理有关审批手续。之后，处理房屋转让争议一般适用地随房走原则。二是土地、房屋不管谁随谁走，确权时认定房屋所有权和土地使用权是不可分离的。处理宅基地纠纷，依照《土地管理法》第六十二条的规定、《最高人民法院印发〈关于为推进农村改革发展提供司法保障和法律服务的若干意见〉的通知》（法发〔2008〕36号）第4条的规定、最高法专家法官著述及主流观点，在对农村宅基地纠纷案件审理中，鉴于宅基地是基于农民集体经济组织特定身份的无偿取得，并且只有一次性，一旦将房屋出卖、出租或赠予他人后，就永久丧失了再申请宅基地的权利。正因为宅基地集体经济组织成员特定主体无偿取得的福利性和承载的居者有其屋的社会功能，究竟适用谁随谁走的原则更具合法性，要着眼于宅基地制度的严格管理和完善，着眼于农村宅基地用益物权的维护和保障，相信法院会努力做好相关案件的审判与执行工作。

164. 认定农村房屋买卖合同的效力应遵循怎样的操作规范?

答：农村房屋买卖合同实质上与其他民事合同没什么不同，因此在认定农村房屋买卖合同的效力时，适用《合同法》总则部分的相关规定。由于农村房屋买卖交易不仅涉及买卖双方的交易行为，还涉及国家对整个房地产市场的秩序管理，故而相关管理法律、行政法规自然成为该合同效力认定的依据。

依据《土地管理法》第六十二条、第四十四条的规定，农村宅基地使用权主体具有本集体经济组织成员资格的特定身份性。该特定身份性又派生了农民从本集体经济组织无偿取得宅基地使用权的福利性。国家之所以限制农民宅基地取得与房屋买受人的受让，是基于宅基地除关乎农民自己生存、生活之本外，还涉及农村社会公共利益。农民宅基地上的房屋，依照《物权法》第六十四条、第一百五十二条和《民法通则》第七十一条、第七十五条的规定，尽管转让方拥有房屋所有权、处分权，但基于宅基地一户一宅的一次性、房地一致性、房屋取得受制于宅基地使用权的关联性，显然农村房屋买卖的合同效力取决于受让方能否取得政府对宅基地使用权的行政许可。依照《合同法》第四十二条的规定，该合同是附生效条件的合同，附行政许可条件成就时合同生效，否则不生效。对这种民、行争议交叉的案件如何操作，根据《行政诉讼法》第六十一条的规定，以及最高法专家法官组的著述及主流观点，对受让人明显不符合取得宅基地法定条件的，可以直接认定房屋买卖合同无效；经审理查明，不肯定受让人符合法定条件但存在基本或可能符合法定宅基地使用权条件的，鉴于行政许可是行政权而非司法权，司法权能不能替代行政权能，在这种情况下，法院只能通过依职权查证的途径，就此征询土地行政主管机关的具体意见，若做出明确肯定、可行性答复，则确认该合同有效；否则，法院不应确认合同无效，而应认定合同未生效，可向受让人释明向土地行政主管机关以书面形式提出用地申请，待行政许可后，受让人再提起房屋买卖合同效力确认之诉。

165. 明确规定城市居民不得购买农村宅基地和房屋的适用法律、行政法规、规章和政策有哪些？

答：在法律层面，包括《物权法》在内还找不到禁止性的规定，依照《民法通则》第六条，民事活动必须遵守法律，法律没有规定的，应当遵守国家政策。城市居民不得购买农村宅基地和房屋适用的国家政策：一是 1999 年 5 月 6 日国发〔1999〕第 39 号文件第二条第二款，规定农民的住宅不得向城市居民出售，也不得批准城市居民占用集体土地建住宅，有关部门不得为违法建造和购买的住宅发放土地使用证和房产证。二是 2004 年 12 月 24 日国发〔2004〕28 号文件第二节第十目，明确规定禁止城镇居民在农村购置宅基地。三是 2007 年 12 月 30 日国办发〔2007〕71 号文件第二条第三款，规定农村住宅用地只能分配给本村村民，城镇居民不得到农村购买宅基地、农民住宅或“小产权房”；单位和个人不得非法租用、占用农民集体所有土地搞房地产开发。第三条第二款，规定农民集体所有的土地使用权不得出让、转让或出租，用于非农业建设。

城市居民不得购买农村宅基地和房屋适用的部门规章，可见 2004 年 11 月 2 号国土资发〔2004〕234 号文件第四节第 12 目，严禁城镇居民在农村购置宅基地，严禁为城镇居民在农村购买和违法建造的住宅发放土地使用证。

城市居民不得购买农村宅基地和房屋适用的司法解释，可见 2008 年 12 月 3 日法发〔2008〕36 号文件第二节第二项第 4 条，对违反法律、行政法规及相关国家政策的宅基地流转行为，以及其他变相导致农民丧失宅基地使用权的行为，应当依法确认无效。

城市居民不得购买农村宅基地和房屋适用的地方性法规，可见

2002年5月13日《河北省农村宅基地管理办法》第六条，禁止非法占用土地建住宅，禁止买卖或以其他方式非法转让农村宅基地。第二十条，非法转让宅基地或非法转让宅基地建住宅的，由县级以上人民政府土地行政主管部门责令限期改正，没收非法所得，并可处以非法所得百分之五以上、百分之二十以下的罚款；构成犯罪的，由司法机关依法追究刑事责任。

上述法规、规章、司法解释、政策对农村宅基地、房屋转让及其他变相导致农民丧失宅基地使用权的行为均做出了强制性禁止规定。对该类争议的处理，根据法发〔2008〕36号文件第二节第二目第4条的规定，以及全国首批审判业务专家组的主流观点，要着眼于宅基地制度的严格管理和完善，着眼于农户宅基地用益物权的维护与保障；贯彻国家的公共政策和诚信交易规则，对无效协议或合同运用缔约过失责任权衡双方当事人利益，做好相关案件的审判和执行工作。

166. “小产权房”已出售给城镇居民多年，现出卖方向法院提起确认原买卖合同无效返还房屋之诉，法院将如何裁判？

答：根据房地一致、地随房走的原则，出卖方在出卖房屋时，明知宅基地使用权将随房屋一起转让，“小产权房”出售是违反我国法律和国家政策的禁止性规定而为之，依照上题引用的法律、规章、政策的规定，出卖方提起的原买卖合同无效返还房屋的诉讼主张，依照《合同法》第五十二条第五项、第五十八条的规定，会得到支持；不过，买方返还房屋的同时，鉴于双方在缔约过程中，卖方的行为使对方足以相信合同能成立或生效，而由于卖方违反《合同法》第四十二条第三项规定的诚实信用原则，当事人之间存在的信赖利益必须有诚实信用原则作保证，卖方违反诚实信用基本原则对应的是缔约过失责任，导致信赖人买方丧失了预期利益，这种预期利益是物化为财产上的减少，既包括信赖人的最直接的财产减少，也包括信赖人应增加而未增加的财产，从而给对方造成了经济损失，依照《合同法》第四十二条第三项的规定，应承担损害赔偿责任。信赖利益的赔偿额度，首先根据双方的过错程度，合理分配各方的责任比例，然后应当全面考虑卖方因土地升值、拆迁、补偿所获利益，买方因房屋现值与原购房价款的差异所带来的经济损失的买卖双方因素，需要通过相关部门评估测算，平衡双方的经济利益。

167. 对哪些情形下的农村房屋买卖合同应认定无效？

答：一是根据地随房走原则，农村农民房屋出售给城镇居民使用，必然涉及该房屋依附的宅基地使用权转移。房屋买卖，现行法律虽无明确禁止性规定，但依照《民法通则》第六条“民事活动必须遵守法律。法律没有规定的，应当遵守国家政策”的规定，以及相关规章、河北省地方法规，农村房屋买卖行为有违国发〔1999〕第39号文件第二条第二款，国发〔2004〕28号文件第二节第十目，国办发〔2007〕71号文件第二条第三款、第三条第二款，国土资发〔2004〕234号文件第四节第12目，法发〔2008〕36号文件第二节第二目第4条，《河北省农村宅基地管理办法》第六条、第八条的规定，只要房屋所依附的宅基地转移没有经过合法审批，就应认定农村房屋买卖合同无效。二是因为法人或其他组织不具备农村宅基地使用权主体资格，故而其买卖农村房屋宅基地合同确认无效。三是无处分权者签订的农村房屋买卖合同，未经权利人追认，不符合《合同法》第五十一条的规定，同样应认定房屋买卖合同无效。四是非本集体经济组织成员购买该集体经济组织成员房屋后，该集体经济组织拒绝受让方户口签入的，因其不具有该集体经济组织成员资格，不符合申请该集体经济组织宅基地使用权条件，应认定所签房屋买卖合同无效。

168. 哪些农村房屋买卖合同应认定合法有效?

答：依照《土地管理法》第六十二条第一款，国办发〔2007〕71号文件第二条第三款，《河北省农村宅基地管理办法》第六条、第八条的规定，农村房屋买卖合同具有下列情形之一的应当认定合法有效：一是大家庭分户后缺乏但集体经济组织又未曾分配给其宅基地，其与本集体经济组织成员签订房屋买卖合同的；二是现使用的宅基地未达到国家或本省地方法规规定标准，与本集体经济组织成员之间签订房屋买卖合同的；三是村集体经济组织批准落了户，而且拥有承包地，已具备该村集体经济组织成员资格，但未申报宅基地，其与本集体经济组织成员之间签订房屋买卖合同的。

第八章　城镇版

169. 法院审理房地产纠纷案件应当遵循怎样的司法原则?

答：司法部门审理房地产纠纷案件，依照 2008 年 12 月 3 日《最高人民法院关于为维护国家金融安全和经济全面协调可持续发展提供司法保障和法律服务的若干意见》（以下简称法发〔2008〕38 号文件）第四条第五款的规定，要依法保障房地产市场健康发展。房地产市场的发展不仅关系到我国城市化、工业化的进程，还关系到金融安全和群众安居乐业等国计民生问题。要求各级人民法院要注意审查按揭贷款合同的真实性，依法制裁开发商以虚假按揭贷款合同套取银行资金等违法行为；依法优先保护建筑市场劳动者权益，制裁恶意拖欠劳务工资现象；制裁开发商恶意拖欠工程款等违约行为，保障房地产市场的健康发展。

170. 如何理解按揭贷款的法律意义?

答：按揭是一个外来词，就是抵押的意思。随着城镇化建设推进和房地产业的兴起，按揭一词逐渐融入人们生活，为广大百姓所了解。其实，按揭一词并非我国独创，在我国现代法律规定体系中并未显现。其按揭意义从法律层面如何解释，根据最高法专家法官和社会学者的著述和通论，按揭是指购房人以商品房预售合同支付首付款将取得的房屋期待权让渡给金融机构作为取得金融机构贷款的担保，待还清贷款本息等所有费用后，将期房赎回取得房地产权的法律行为；也可解释为购房者以开发商期房预售合同向卖方支付一部分首付款，其余房款将其以预售合同取得的期房（期待权）让渡给金融机构作为取得贷款抵押担保，以保障偿还剩余房款的法律行为。按揭一词最简单的解释就是两个字——抵押。由以上可以看出，按揭关系中涉及按揭人（购房者）、按揭权人（金融机构）、开发商（卖方）三方主体，以及按揭人与开发商的房屋买卖、按揭权人与按揭人的抵押贷款、按揭权人与开发商阶段性担保的三个合同法律关系。

按揭中的房屋，开发商依合同如期交付买受人后，其连带保证责任解除。如果按揭人未能依约向金融机构履行还款义务，金融机构就有权处分按揭人让渡的期房并优先受偿。

商品房预售前，开发商应五证齐全，即国有土地使用权证、建设用地、建设工程规划、建设工程施工许可证。按揭成立还有必不可少的预售许可证，同时还应与金融机构签订预售款监管协议。为保障金融安全，在向按揭人发放贷款前，金融机构会对按揭人的信用程度进行审查评估。按揭合同关系成立后，按揭人与开发商向金融机构以不同方式提供双重担保。

171. 如何承担按揭中的商品房风险责任？

答：依照2003年6月1日实行的《最高人民法院关于审理商品房买卖合同纠纷案件适用法律若干问题的解释》（以下简称法释〔2003〕7号文件）第十一条的规定，除当事人另有约定外，对房屋的转移占有，视为房屋的交付使用。

房屋损毁、灭失的风险，不同阶段承担风险责任主体不同。在交付使用前，由出卖人承担；交付使用后，由买受人承担。买受人接到出卖人的书面交房通知，无正当理由拒绝接受的，房屋损毁、灭失的风险自书面交房通知确定的交付使用之日起由买受人承担，但法律另有规定或当事人另有约定的除外。

172. 按揭贷款与房产抵押贷款有何不同?

答：一是二者的设立方式不同。抵押贷款，依照《担保法》第三十三条的规定，不转移抵押人对房屋的占有，将该房屋作为债权的担保。把房屋价值支配权转交给被抵押人，显然是在抵押物上以设立担保物权的方式设立。而在按揭贷款中，金融机构对设定按揭权房屋拥有的是债权而非物权，不能以同样限制期房所有权的方式设立，必须以向金融机构转让预售房期权为前提条件，方能得到金融机构的贷款。二是二者涉及不同的法律关系主体。抵押贷款只涉及抵押人和抵押权人两个法律主体。而按揭贷款涉及按揭人、按揭权人、房地产开发商三个法律关系主体。三是二者贷款用途不尽相同。抵押贷款除用于购房外，还可作其他用途，而按揭贷款只能用作购房。四是承担抵押物风险后果的主体不同。抵押贷款抵押物风险后果由抵押人承担；而按揭贷款，按揭人取得产权房前的楼宇灭失、损毁风险，既不由按揭人承担，也不由按揭权人承担，而由房地产开发商承担。

173. 交钥匙算不算正式交房?

答：在按揭房屋买卖现实生活中，通常把交钥匙作为房屋正式交付使用的方式，既然能够成为一种常态，自然有其长处的一面。一来利于买受人及早占有、尽快装修入住；二来减轻卖方因办理房产证等一系列相关手续耗费周期长而逾期交房的压力。该方式不但有利于买卖双方，还不损害他人利益，何乐而不为。若双方对此在合同中做出明确约定的，依照约定优先原则，从其约定。若无约定，就要依照法律规定来分析，交钥匙只是卖方将商品房所有权的部分权能先予买方占有，而因并未办理房屋产权登记，依照《城市房地产管理法》第三十五条、《物权法》第二条的规定，钥匙房还不产生归买受人所有的法律效力，买受人尚不能成为法律意义上的商品房产权人。但是，毕竟已交付给买受人入住占有，基于转移占有的事实，依照法释〔2003〕7号文件第十一条第一款的规定，对房屋的转移占有，除当事人另有约定的外，视为房屋的交付使用。

174. 房屋买卖合同解除后，买方对房屋装修等添附物如何处理？

答：房屋买卖合同解除后，买方依合同取得的财产（房屋）、卖方取得的价款，依照《合同法》第五十八条的规定，产生双方相互返还的后果。在合同解除之前，买受人一般在原毛坯房的基础上，通过装修等方式添附形成了另一个新物；买方返还房屋后，卖方接受新物实际享受了房屋添附利益，该添附利益是买受人付出的。依照《民法通则》第九十二条、《最高人民法院关于贯彻执行〈中华人民共和国民法通则〉若干问题的意见（试行）》（以下简称法〔办〕发〔1988〕6号文件）第一百三十一条、《民法总则》第一百二十二条的规定，出卖人无偿取得没有法律依据，构成不当得利，在综合考虑买受人的实际支出、已入住使用的年限、折旧、各方对合同不能继续履行所应承担的责任大小等因素，本着公平原则，卖方应给予买方适当经济补偿。

175. 开发商未履行预约合同的通知义务，应否承担违约责任？

答：商品房预约合同，通常是指当事人双方为将来订立正式买卖合同而达成的意向合意，一般发生在开发商取得商品房预售许可证之前。鉴于预约合同是双方当事人真实意思的表示，并不违背法律、行政法规的强制性规定，因此商品房预约合同是依法成立的合同。既然意向合意是为将来开发商取得商品房预售许可证之后通知另一方当事人再签订正式商品房预售合同的预先安排，开发商取得商品房预售许可证就成为双方下一步签订正式商品房预售合同的条件，依照《合同法》第四十五条的规定，属于附条件合同，条件成就合同生效，当事人就应当依照《合同法》第六条规定的诚实信用原则，行使权利，履行义务。倘若开发商取得商品房预售许可证后，对外认购时没有优先通知预约合同另一方当事人前来认购，并且将商品房销售一空，导致另一方当事人购买商品房合同的根本目的落空，依照《合同法》第一百零七条、第一百一十三条的规定，承担继续履行、采取补救措施或赔偿损失等违约责任。赔偿额应当相当于因违约所造成的损失，包括合同履行后可以获得的利益，但不得超过违反合同一方订立合同时预见到或应当预见到的因违反合同可能造成的损失。

176. 房屋存在明显瑕疵，不符合预售合同约定，买受人持有入住验收单的同时已提出书面异议，开发商应否承担违约责任？

答：签订商品房预售合同是买卖双方真实意思的表示，合法有效。开发商应当依照《合同法》第六十条的规定，全面履行自己的义务。开发商所交付的房屋，如果存在明显瑕疵，不符合约定，即便这种瑕疵是出于善意，并且经过行政审批甚至符合建筑规范，因为它属于另一个法律关系，不能以维护善意瑕疵而牺牲买受人的合同目的，因此同样构成违约。依照《民法通则》第一百一十一条、《合同法》第一百零七条的规定，承担继续履行、采取补救措施或赔偿损失等违约责任。

177. 商品房买卖合同约定经房地产交易部门批准过户后生效，而未经批准交付的商品房是否构成违约？

答：该问题中的商品房买卖合同是在双方当事人平等、自愿的基础上签订，双方都不存在欺诈、胁迫、乘人之危，是双方当事人真实意思的表示，不违反法律规定或损害社会公共、集体及第三人利益。一般说来，合同一经成立即生效。但是，上述合同约定了批准过户作为生效条件，属于依法成立的合同，依照《合同法》第四十四条第一款、《民法通则》第五十五条的规定，合同自成立时生效，“经房地产交易部门批准过户后生效”的约定，依照《合同法》第四十五条的规定，属于附生效条件的合同，在未经房地产交易部门批准过户的上述商品房买卖合同生效条件尚未成就的情况下，开发商交付商品房不符合约定，属于违约行为。依照《合同法》第一百零七条的规定，开发商应当承担继续履行、采取补救措施或赔偿损失等违约责任。

178. 拆迁安置房是否也属商品房?

答：拆迁安置房与商品房虽同属房屋，但在法律属性、权能上是截然不同的两个概念。安置房是政府进行城市交通及其他公共设施建设对被征迁、拆迁户进行安置所建的房屋；属于政府安置、由开发商代建，市周边的用地一般仍是市界外的农村集体土地，市内或城中村则是由政府划拨土地、由开发商代建，或者通过货币补偿解决住房安置。拆迁安置房因享受国家政策、政府支持，不含土地转让金，价格相对便宜，办理各种手续也相对简化。但是，产权有大小之说，特别是建在集体土地上的安置房，是典型的“小产权房”“无产权房”，根本不具有商品房的权能，受严格限制，不能上市流通。商品房则是市场经济条件下，具有经营资格的房地产开发商通过政府出让获得建设用地使用权后自主开发建设的住宅，均按市场价对外自由交易即可过户，不受政府限制；一般是毛坯房，当然也有精装修的，但价钱上找齐罢了。

179. 出卖人通过认购、订购、预订等方式向买受人收取定金，作为订立商品房买卖合同担保，如果因当事人一方原因未能订立商品房买卖合同，应如何处理?

答：双方当事人除签订正式商品房买卖合同外，实际交易中也有诸如认购、订购、预订、意向、允诺等多种契约形式存在。契约有预约、本约之分。本约是指商品房正式买卖合同，当事人可据此直接要求相对方履约。而预约是当事人为下一步订立确定性商品房买卖合同预先规划所达成的书面允诺或协议。上述认购书虽非本约，但其符合预约的构成要件。通常认为预约属于合同的一种形式，依照《合同法》第八条的规定，对当事人具有约束力，违反预约同样构成违约，承担违约责任。因为预约毕竟不是本约，其内容只有通过签订本约才能成为履行标的，因此遵循契约自由原则，守约方不能强制对方履约，依据法释〔2003〕7号文件第四条、《合同法》第一百一十五条的规定，出卖人通过认购、订购、预订等方式向买受人收受定金作为商品房买卖合同担保的，如果因当事人一方原因未能订立商品房买卖合同，应当按照法律关于定金的规定处理；因不可归责于当事人双方的事由，导致商品房买卖合同未能订立的，出卖人应当将定金返还买受人；属于买受人原因的，买受人无权要求返还定金；属于出卖人原因的，应当双倍返还定金；如果双方当事人未约定定金，则依照《合同法》第一百一十三条的规定，给对方造成损失的，损失赔偿额应当相当于因违约所造成的损失，包括合同履行后可以获得的利益，但不得超过违反合同一方订立合同时预见到或应当预见到的因违反合同可能造成的损失。

180. 商品房认购、订购、预订等协议，具备《商品房销售管理办法》第十六条规定的13项商品房买卖合同的主要内容，并且出卖人已按约定收受房款的，该协议应否认定为商品房买卖合同？

答：上述认购、订购、预订等协议，因符合了商品房买卖合同的主要内容，因此依照法释〔2003〕7号文件第五条的规定，上述协议应当认定为商品房买卖合同。

181. 国家对落实预售商品房质量责任做出怎样的规范？

答：依照住房和城乡建设部2010年4月13日《关于进一步加强房地产市场监管完善商品住房预售制度有关问题的通知》（以下简称建房〔2010〕33号文件）第三节第十三目、第十四目的规定，房地产开发企业应当对其开发建设的商品住房质量承担首要责任，勘察、设计、施工、监理等单位应当依据有关法律、法规的规定或合同的约定承担相应责任。房地产开发企业及勘察、设计、施工、监理等单位的法定代表人、工程项目负责人、工程技术负责人、注册执业人员按各自职责承担相应责任。预售商品住房存在质量问题的，购房人有权依照法律、法规及合同约定要求房地产开发企业承担责任并赔偿相应损失。房地产开发企业承担责任后，有权向造成质量问题的相关单位和个人追偿。

房地产开发企业在申请商品住房预售许可时提交的预售方案，应当明确企业破产、解散等清算情况发生后的商品住房质量责任承担主体，由质量责任承担主体提供担保函。质量责任承担主体必须具备独立的法人资格和相应的赔偿能力。

182. 如何理解商品房现售、预售?

答：依照《商品房销售管理办法》第三条的规定，商品房现售是指房地产开发企业将竣工验收合格的商品房出售给买受人，由买受人支付房价款的行为；商品房预售是指房地产开发企业将正在建设中的商品房预先出售给买受人，由买受人支付定金或房价款的行为。

商品房预售依照2001年8月15日修正的《城市商品房预售管理办法》第五条、第六条第二款的规定，应当符合下列条件：

（1）已交付全部土地使用权出让金，取得土地使用权证书。

（2）持有建设工程规划许可证和施工许可证。

（3）按提供预售的商品房计算，投入开发建设的资金达到工程建设总投资的25%以上，并且已经确定施工进度和施工交付日期。

未取得《商品房预售许可证》的，不得进行商品房预售。商品房现售同样有严格的要求，依照《商品房销售管理办法》第七条的规定，商品房现售应当符合以下条件：

（1）现售商品房的房地产开发企业应当具有企业法人营业执照和房地产开发企业资质证书。

（2）取得土地使用权证书或使用土地的批准文件。

（3）持有建设工程规划许可证和施工许可证。

（4）已通过竣工验收。

（5）拆迁安置已经落实。

（6）供水、电、热、燃气、通讯及其他基础配套设施和公共设施具备交付使用条件或已确定施工进度和交付日期。

（7）物业管理方案已经落实。

183. 为什么规定商品房预售许可证作为商品房预售的条件？

答：商品房预售是对现售而言。随着我国市场经济的建立，为适应商品房交易方式社会发展的需要，商品房预售方式应运而生。依照《商品房销售管理办法》第三条第二款的规定，商品房预售合同签订时，买卖的房屋并非现房而是正在建设中的房屋，房屋所有权谈不上登记设立，根据《合同法》第四十四条第二款、法释〔1999〕19号文件第九条、《城市商品房预售管理办法》第六条的规定，法律、行政法规规定合同应当办理批准手续或办理批准、登记手续才生效。在法院一审辩论终结前，当事人仍未办理批准手续的，或者仍未办理批准、登记手续的，人民法院应当认定该合同未生效；法律、行政法规规定合同应当办理登记手续，但未规定登记后生效的，当事人未办理登记手续不影响合同的效力，合同标的物所有权及其他物权不能转移。鉴于商品房预售不同于现售，在预售交易时，商品房尚在建设中，购房人购买的仅是一纸承诺，承担着能否获得依约交付的极大风险。因此，国家通过制定法律、行政法规和司法解释进行干预，规定了商品房预售实行许可制度。开发企业进行商品房预售，要求向房地产管理部门申请预售许可，取得《商品房预售许可证》。未取得《商品房预售许可证》的，不得进行商品房预售，就是为了维护交易安全，保护消费者合法权益和国家国有土地利益不受非法侵害。

184. 出卖人订立商品房买卖合同应当对自己的哪些不当行为担责?

答：依照《合同法》第四十二条的规定，当事人在订立合同过程中有下列情形之一，给对方造成损失的，应当承担损害赔偿责任：

(1) 假借订立合同，恶意进行磋商。

(2) 故意隐瞒与订立合同有关的重要事实或提供虚假情况。

(3) 有其他违背诚实信用原则的行为。

185. 订立商品房买卖合同，在因出卖人原因导致合同目的不能实现或合同无效被撤销无法取得房屋的情况下，出卖人应当如何承担责任?

答：依照法释〔2003〕7号文件第八条、第九条的规定，具有下列情形之一，导致商品房买卖合同目的不能实现或合同无效被撤销、解除的，无法取得房屋的买受人，基于下列第四项规定的情形，可以请求解除合同外，同其他情形，请求返还已付购房款及利息、赔偿损失，并且出卖人承担不超过已付购房款一倍的赔偿责任：

(1) 故意隐瞒没有取得商品房预售许可证明的事实或提供虚假商品房预售许可证明。

(2) 故意隐瞒所售房屋已经抵押的事实。

(3) 故意隐瞒所售房屋已经出卖给第三人或为拆迁补偿安置房屋的事实。

(4) 商品房买卖合同订立后，出卖人又将该房屋出卖或未告知买受人抵押给第三人，除承担返还已付购房款及利息、赔偿损失、承担不超过已付购房款一倍赔偿责任外，根据《合同法》第四十二条第三项的规定，当事人承担缔约过失责任。

所谓缔约过失责任，是指在合同订立过程中，当事人一方因不履行基于诚实信用原则所应负的义务而导致另一方信赖利益损失应承担的责任类型。该责任类型，是指合同生效前当事人违反法定义务而派生的前契约责任，是合同法规中的重要制度。缔结预售合同，虽尚不具备正式买卖效力，但双方基于诚实信用原则，构成了特殊的信赖关系。出卖人如果违反先合同义务，即构成缔约过失，承担导致商品房买卖合同目的无法实现的赔偿责任，是基于信赖而发生的对信赖利益损失的赔偿。因此，应以缔约过失所造成的实际损失为准。通常包括为缔约合同的支出及因对方过失而导致订约机会丧失所带来的损失，一般不应超过合同履行利益。

186. 买受人以出卖人房屋卖出后又与第三人恶意串通另行订立买卖合同并将房屋已交付使用导致其无法取得房屋为由，请求确认出卖人与第三人订立的合同无效，能否得到支持?

答：买受人以出卖人与第三人恶意串通，另行订立商品房买卖合同并将房屋交付使用，导致其无法取得房屋为由，请求确认出卖人与第三人订立的商品房买卖合同无效的，依照法释〔2003〕7号文件第十条的规定，应予支持。

187. 商品房预售分割商铺，买受人行使专有权，是否受到一定限制?

答：所谓分割商铺，是指开发商将各种开放形式的大型营业空间分割为若干小面积商铺的出售行为。分割商铺与传统商铺虽同属商铺，但二者比较，分割商铺有其独特性。一是表现在物理构造上的独立性。商铺之间的隔离不像传统的墙壁、标记隔离而独立，而是两两相连，非独立空间。二是表现在利用上的独立性。这里的独立性，是指商铺区分所有权后，达不到买受人买的部分必须能够作为一个商铺单独使用的经济效能目的。原因在于，买受人经营和业主身份存在不只是由个人意思决定，还受制于整体经营空间、周围环境。尽管分割商铺较传统商铺有其特殊性，但依照《物权法》第七十条的规定，并不妨碍买受人享有建筑物专有部分占有、使用、处分、受益和专有以外部分共有、共同管理的权利。

分割商铺买受人之间的法律关系虽未写入《物权法》，但根据《物权法》业主的建筑物区分所有权的规定，该商铺既包含排他性专有部分，也包含共同管理的共有部分，显然是一种特殊建筑物区分所有权，可说是建筑物区分所有权形式之一。二者之间形成了《物权法》上的建筑物区分所有权关系。依照《物权法》第七十一条的规定，分割商铺的每一个业主的个人意思和行使权利不是绝对的，不能只着眼自身专有权利而各自为政，不顾及其他多数业主的利益。严格地讲，共同利益也包含了自身利益，损害了共同利益，不仅使其他业主利益得不到保护，自身利益同样受损。因此，单个购买人行使权利要受到其他买受人共同意志的限制，否则分割商铺的正常经营、提高商铺经营效益无法实现，买受人购买目的也同样得不到充分满足。

188. 如何处理房屋质量纠纷问题?

答：依照法释〔2003〕7 号文件第十二条、第十三条的规定，房屋主体结构质量不合格不能交付使用，或者交付使用后房屋主体结构质量经核验确属不合格，严重影响正常居住使用，买受人请求解除合同和赔偿损失的，应予支持。

交付使用的房屋存在质量问题，在保修期内，出卖人应当承担维修责任；出卖人拒绝修复或在合理期限内拖延修复的，买受人可以自行或委托他人修复。修复费用及修复期间造成的其他损失由出卖人承担。

189. 出卖人交付使用与合同约定的商品房套内或建筑面积不符，如何处理?

答：依照法释〔2003〕7 号文件第十四条、《商品房销售管理办法》第二十条的规定，合同有约定的，依照约定处理；合同没有约定或约定不明确的，按照以下原则处理：

（1）面积误差比绝对值在3%以内（含3%），按照合同约定的价格据实结算；买受人请求解除合同的，不予支持。

（2）面积误差比绝对值超出3%，买受人有权退房。买受人退房的，房地产开发企业应当在买受人提出退房之日起30日内将买受人已付房价款退还给买受人，同时支付已付房价款利息。买受人不退房的，产权登记面积大于合同约定面积时，面积误差比在3%以内（含3%）部分的房价款由买受人按照约定的价格补足。面积误差比超出3%部分的房价款由出卖人承担，所有权归买受人；房屋实际面积小于合同约定面积时，面积误差比绝对值在3%以内（含3%）部分房价款及利息由房地产开发企业返还买受人；面积误差比超过3%部分的房价款由房地产开发企业双倍返还买受人。

《商品房销售管理办法》第二十四条规定的规划设计变更造成面积差异，当事人不解除合同的，应当签署补充协议。

190. 法律、法规对商品房建筑面积区分所有权及业主的权利与义务是如何规定的？

答：依照《物权法》第七十条、第七十一条、第七十二条第一款和《商品房销售管理办法》第十八条第二款的规定，商品房建筑面积由套内建筑面积和分摊的共有建筑面积组成。套内建筑面积部分为独立产权，分摊的共有建筑面积部分为共有产权，按照法律、法规的规定，对其享有权利，承担义务。

业主对建筑物内的住宅、经营性用房等专有部分享有所有、占有、使用、受益和处分的权利；对专有部分以外的共有部分享有权利，承担义务。业主行使权利不得危及建筑物的安全，不得损害其他业主的合法权益，不得以放弃权利为由不履行义务。

191. 商品房销售后，经规划部门批准的规划变更，法律、法规对买卖双方的权利和义务做出了怎样的规定？

答：依照《商品房销售管理办法》第二十四条的规定，房地产开发企业应当按照批准的规划、设计建设商品房。商品房销售后，房地产开发企业不得擅自变更规划、设计。

经规划部门批准的规划变更、设计单位同意的设计变更导致商品房的结构形式、户型、空间尺寸、朝向变化，以及出现合同当事人约定的其他影响商品房质量或使用功能情形的，房地产开发企业应当在变更确立之日起10日内，书面通知买受人。买受人有权在通知到达之日起15日内做出是否退房的书面答复。买受人在通知到达之日起15日内未作书面答复的，视为接受规划、设计变更及由此引起的房价款的变更。房地产开发企业未在规定的时限内通知买受人的，买受人有权退房；买受人退房的，由房地产开发企业承担违约责任。

192. 关于房地产开发企业设置的样板房与实际交付的商品房的质量关系，法律、法规做出了怎样的规定？

答：依照《商品房销售管理办法》第三十一条的规定，房地产开发企业销售商品房设置样板房的，应当说明实际交付的商品房质量、设备及装修与样板房是否一致；未作说明的，实际交付的商品房应当与样板房一致。

193. 法律、法规对商品房住宅保修责任是如何规定的？

答：依照《商品房销售管理办法》第三十三条、第三十五条的规定，房地产开发企业应当对所售商品房承担质量保修责任。当事人应当在合同中就保修范围、保修期限、保修责任等内容做出约定。保修期从交付之日起计算。

商品住宅的保修期不得低于建设工程承包单位向建设单位出具的质量保修书约定保修期的存续期；存续期少于规定的最低保修期

限的，保修期不得低于规定中确定的最低保修期限。

在保修期限内发生的属于保修范围内的质量问题，房地产开发企业应当履行保修义务，并且对造成的损失承担赔偿责任。因不可抗力或使用不当造成的损坏，房地产开发企业不承担责任。

商品房交付使用后，买受人认为主体结构质量不合格的，可以依照有关规定委托工程质量检测机构重新核验。经检验，确属主体结构质量不合格的，买受人有权退房；给买受人造成损失的，房地产开发企业应当依法承担赔偿责任。

194. 因房屋买卖一方当事人迟延交房或支付购房款经催告后三个月内仍未履行合同，当事人一方请求解除合同能否得到支持？

答：依照法释〔2003〕7 号文件第十五条、《合同法》第九十四条第二项、第三项的规定，上述当事人一方的违约行为经催告后在合理期限内仍未履行合同，致使不能实现合同目的，除当事人另有约定的外，当事人一方的解除合同的主张应予支持。

法律没有规定或当事人没有约定，经对方当事人催告后，合同解除权行使的合理期限为三个月。对方当事人没有催告的，解除权应当在解除合同发生之日起一年内行使；逾期不行使的，解除权消灭。

195. 商品房买卖合同未约定违约金数额或损失赔偿额计算方法，其违约金数额或赔偿额计算方法如何确定？

答：没有约定违约金数额或损失赔偿额计算方法，其违约金数额或损失赔偿额，依照法释〔2003〕7 号文件第十七条、第十八条第二款的规定，可以参照以下标准确定：

（1）逾期付款的，按照未付购房款总额，参照中国人民银行规定的金融机构计收逾期贷款利息的标准计算。

（2）逾期交付使用房屋的，按照逾期交付使用房屋期间有关主管部门公布或有资格的房地产评估机构评定的同地段同类房屋租金标准确定。

(3) 合同没有约定违约金或损失额难以确定的，可以按照已付购房款总额，参照中国人民银行规定的金融机构计收逾期贷款利息的标准计算。

196. 法律、法规对由于出卖人原因导致买受人在一定期限届满未能取得房屋权属证书应当承担违约责任的法定期限是如何规定的?

答：依照法释〔2003〕7 号文件第十八条规定，商品房买卖合同约定的办理房屋所有权登记的期限；商品房买卖合同的标的物为尚未建成房屋的，自房屋交付使用之日起 90 日；商品房买卖合同的标的物已为竣工房屋的，自合同订立之日起 90 日。

197. 对商品房买卖合同约定买受人以担保贷款方式付款，但因当事人一方原因未能订立担保贷款合同并导致商品房买卖合同不能继续履行的纠纷，应如何处理?

答：依照法释〔2003〕7 号文件第二十三条的规定，因当事人一方原因未能订立商品房担保贷款合同并导致商品房买卖合同不能继续履行的，对方当事人可以请求解除合同和赔偿损失。因不可归责于当事人双方的事由未能订立商品房担保贷款合同并导致商品房买卖合同不能继续履行的，当事人可以请求解除合同，出卖人应当将收受的购房款本金及其利息或定金返还买受人。

198. 对因买卖合同无效或被撤销、解除，致使商品房担保贷款合同的目的无法实现，当事人请求解除担保贷款合同，应否支持?

答：既然商品房买卖合同被确认无效或被撤销、解除，致使商品房担保贷款合同的目的无法实现，当事人解除商品房担保贷款合同的诉讼请求，依照法释〔2003〕7 号文件第二十四条的规定，应予支持。

199. 对以担保贷款为付款方式的商品房买卖合同的当事人一方请求确认买卖合同无效或撤销、解除如何处理？

答：依照法释〔2003〕7号文件第二十五条的规定，上述当事人一方的请求，如果担保权人作为有独立请求权第三人提出诉讼请求，应当与商品房担保贷款合同纠纷合并审理；未提出诉讼请求的，法院仅处理商品房买卖合同纠纷。担保权人就商品房担保贷款合同纠纷另行起诉的，可以与商品房买卖合同纠纷合并审理。

商品房买卖合同被确认无效或被撤销、解除后，商品房担保贷款合同也被解除的，出卖人应当将收受的购房贷款和购房款的本金及其利息分别返还担保权人和买受人。

200. 对买受人未按商品房担保贷款合同的约定偿还贷款，也未与担保权人办理商品房抵押登记手续，担保权人向买受人主张处分房屋买卖合同项下买受人的合同权利应如何处理？

答：针对上述情况，担保权人向买受人的主张，依照法释〔2003〕7号文件第二十六条的规定，应当通知出卖人参加诉讼；担保权人同时起诉出卖人时，如果出卖人为商品房担保贷款合同提供保证的，应当列为共同被告。

201. 买受人未按商品房担保贷款合同的约定偿还贷款，但已经取得房屋权属证书并与担保权人办理了商品房抵押登记手续，抵押权人请求买受人偿还贷款或就抵押的房屋优先受偿，应否追加出卖人为当事人？

答：依照法释〔2003〕7号文件第二十七条的规定，上述情况除出卖人提供保证的外，不应追加出卖人为当事人。

202. 如何理解商品房销售广告和宣传资料内容的法律性质？

答：依照《合同法》第十四条、第十五条的规定，商品房销售广告和宣传资料涉及要约和要约邀请。要约是希望和他人订立合同的意思表示，如果意思表示内容具体确定，表明经受要约人的承诺，要约人受该意思表示约束时，那么该意思表示即要约。要约的目的就是为了引发对方当事人的承诺，表明了要约既不是事实行为，也不是法律行为，但该行为有法律意义。依照《合同法》第十六条、第二十五条的规定，要约到达受要约人时生效，获得对方承诺后，合同即可成立，只要该表示内容具体确定，即《合同法》第十二条中规定的示范性条款，表明经受要约人承诺，要约人即受该意思表示约束。

要约邀请实质就是要约引诱，希望他人向自己发出要约的意思表示是一种事实行为。依照《合同法》第十五条、法释〔2003〕7号文件第三条的规定，要约意思表示寄送的价目表、拍卖、招标公告、招标说明书、商品房销售广告和宣传资料等为要约邀请。商业广告的目的在于宣传销售的商品房或服务的优势，以此引诱顾客成交，故而冠其为要约邀请。要约邀请人对发出的邀请撤回，只要未给善意相对人造成信赖利益损失，一般不承担法律责任。但是，出卖人就商品房开发规划范围内的范围及相关设施所做的说明和允诺具体确定，并且对商品房买卖合同的订立及房屋价格的确定有重大影响的，商业广告的内容符合要约的，应当视为要约。该说明和允诺即使未载入商品房买卖合同，亦应当视为合同内容，当事人违反的，应当承担违约责任。

第九章　房屋租赁

203. 租赁合同一般包括哪些内容？

答：依照住房和城乡建设部 2010 年 12 月 1 日以第 6 号令公布的 2011 年 2 月 1 日生效的《商品房租赁管理办法》第七条的规定，房屋租赁当事人应当依法订立房屋租赁合同。房屋租赁合同的内容一般应当包括以下内容：

（1）房屋租赁当事人的姓名（名称）和住址。

（2）房屋的坐落、面积结构、附属设施、家具和家电等室内设施状况。

（3）租金和押金数额、支付方式。

（4）租赁用途和房屋使用要求。

（5）房屋和室内设施的安全性能。

（6）租赁期限。

（7）房屋维修责任。

（8）物业服务、水、电、燃气等相关费用的缴纳。

（9）争议解决办法和违约责任。

（10）其他约定。

房屋租赁当事人应当在房屋租赁合同中约定房屋被征收或拆迁的处理办法。

建设（房地产）管理部门可以会同工商行政管理部门制定房屋租赁合同示范文本，供当事人选用。

204. 在房屋租赁合同中，出租人应履行的基本义务是什么？

答：依照《合同法》第二百一十六条和《商品房租赁管理办法》第九条、第二百二十条、第二百二十一条的规定，出租人应当按照约定将租赁物交付承租人，并且在租赁期间保持租赁物符合约定的用途；除当事人另有约定外，出租人应当按照合同约定履行房屋的维修义务并确保房屋和室内设施安全。承租人在租赁物需要维修时，可以要求出租人在合理期限内维修。出租人未及时履行维修义务的，承租人可以自行维修，维修费用由出租人承担。因维修租赁物影响承租人正常使用的，应当相应减少租金或延长租期；房屋租赁合同期内，出租人不得单方面随意提高租金水平。

205. 房屋承租人应履行的基本义务有哪些？

答：依照《合同法》第二百一十七条、第二百二十二条、第二百二十三条第二款、第二百二十四条和《商品房租赁管理办法》第十条的规定，承租人应当按照合同约定的租赁用途和使用要求方法使用租赁物。租赁房屋的，不得擅自改动房屋承重结构和拆改室内设施，不得损害其他业主和使用人的合法权益。承租人应当妥善保管租赁物，因保管不善造成租赁物毁损、灭失的，应当承担损害赔偿责任。承租人未经出租人同意，对租赁物进行改善或增设他物的，出租人可以要求承租人恢复原状或赔偿损失。承租人经出租人同意，可以将租赁物转租给第三人。承租人转租的，承租人与出租人之间的租赁合同继续有效，第三人对租赁物造成损失的，承租人应当赔偿损失。承租人未经出租人同意转租的，出租人可以解除合同。

对租赁物的使用方法没有约定或约定不明确，依照本法第六十一条的规定仍不能确定的，应当按照租赁物的性质使用；承租人因使用不当等原因造成承租房屋和设施损坏的，承租人应当负责维修或承担赔偿责任。

206. 对承租人正当或不正当使用租赁物造成损耗或损失的责任，法律做出怎样的规定？

答：依照《合同法》第二百一十八条、第二百一十九条的规定，承租人按照约定的方法或租赁物的性质使用租赁物，致使租赁物受到损耗的，不承担损害赔偿责任。承租人未按照约定的方法或租赁物的性质使用租赁物，致使租赁物受到损失的，出租人可以解除合同并要求赔偿损失。

207. 承租人未支付或迟延支付、逾期支付租金，出租人怎么办？

答：依照《合同法》第二百二十七条的规定，承租人无正当理由未支付或迟延支付租金的，出租人可以要求承租人在合理期间内支付。承租人逾期不支付的，出租人可以解除合同。

208. 租赁物权利瑕疵，承租人怎么办？

答：依照《合同法》第二百二十八条的规定，因第三人主张权利，致使承租人不能对租赁物使用、受益的，承租人可以要求减少租金或不支付租金。

209. 租赁期届满返还的租赁物应达到何种状态？

答：依照《合同法》第二百三十五条的规定，租赁期届满，承租人应当返还租赁物。返还的租赁物应当符合按照约定或租赁物的性质使用后的状态。

210. 房屋不得出租的法定情形有哪些？

答：依照《商品房租赁管理办法》第六条的规定，有下列情形之一的房屋不得出租：

（1）属于违法建筑的。

（2）不符合安全、防灾等工程建设强制性标准的。

（3）违反规定改变房屋使用性质的。

（4）法律、法规规定禁止出租的其他情形。

211. 出租人就未取得建设工程规划许可证及未经批准或未按照建设工程规划许可的规定批准内容建设的房屋或临时建筑物与承租人订立的租赁合同是否有效?

答：根据《中华人民共和国城市规划法》（以下简称《城市规划法》）第三十二条、第三十三条和《民法通则》第七十二条、《物权法》第三十条的规定，违法建筑因建设行为，财产所有权取得的违法性、物权设立或消灭自事实行为成就的效力性，上述租赁物不产生设立物权法律效果，所以出租人对出租房屋不拥有物权权益。依照2009年9月1日起生效的《最高人民法院关于审理城镇房屋租赁合同纠纷案件具体应用法律若干问题的解释》（以下简称法释〔2009〕11号文件）第二条、第三条的规定，出租人就未取得建设工程规划许可证及未经批准或未按照建设工程规划许可的规定、批准内容建设的房屋或临时建筑物，与承租人订立的租赁合同无效。但是，在法院一审辩论终结前取得建设工程规划许可证或经主管部门批准建设、批准延长使用期限的，人民法院应当认定有效。租赁期超过临时建筑的使用期限，超过部分无效。在一审法庭辩论终结前经主管部门批准延长使用期限的，人民法院应当认定延长使用期限内的租赁期间有效。

212. 房屋租赁合同无效，当事人请求参照合同约定的租金标准支付房屋占有使用费的主张，能否得到法院支持?

答：依照法释〔2009〕11号文件第五条的规定，当事人的上述请求主张，人民法院一般应予支持。当事人请求赔偿因合同无效受到的损失，人民法院依照《合同法》的有关规定和本司法解释第九条、第十三条、第十四条的规定处理。

213. 承租人经出租人同意将租赁房屋转租给第三人时，转租期限超过承租人剩余租赁期限的，法院将如何认定转租合同的效力?

答：依照法释〔2009〕11号文件第十五条的规定，人民法院应当认定超过部分的约定无效；但出租人与承租人另有约定的除外。

214. 出租人知道或应当知道承租人转租但在六个月内没提出异议，对其以承租人未经同意为由请求解除合同或认定转租合同无效的主张应如何处理？

答：依照法释〔2009〕11号文件第十六条的规定，对出租人的上述主张，人民法院不予支持。因租赁合同产生的纠纷案件，人民法院可以通知次承租人作为第三人参加诉讼。

215. 对出租人就同一房屋订立数份均有效的租赁合同，承租人均主张履行合同的情况，法院将如何处理？

答：依照法释〔2009〕11号文件第六条的规定，上述情况，法院将按照下列顺序确定履行合同的承租人：

（1）已经合法占有租赁房屋的。

（2）已经办理登记备案手续的。

（3）合同成立在先的。

不能取得租赁房屋的承租人请求解除合同、赔偿损失的，依照《合同法》的有关规定处理。

216. 对合同无效、合同届满及经出租人同意或不同意情况下的装饰装修物如何处理？

答：第一，合同无效时的装饰装修物的处理。依照法释〔2009〕11号文件第九条的规定，租赁合同无效时，未形成附合的装饰装修物，出租人同意利用的，可折价归出租人所有；不同意利用的，可由承租人拆除。因拆除造成房屋毁损的，承租人应当恢复原状。已形成附合的装饰装修物，出租人同意利用的，可折价归出租人所有；不同意利用的，由双方各自按照导致合同无效的过错分担现值损失。

第二，租赁期届满或合同解除时装饰装修物的处理。依照法释〔2009〕11号文件第十条的规定，除当事人另有约定外，未形成附合的装饰装修物，可由承租人拆除。因拆除造成房屋毁损的，承租人应当恢复原状。

第三，合同解除时，双方对已形成附合的装饰装修物没有约定的处理。依照法释〔2009〕11号文件第十一条的规定，人民法院应当按照下列情形分别处理：

（1）因出租人违约导致合同解除，承租人请求出租人赔偿剩余租赁期内装饰装修残值损失的，应予支持。

（2）因承租人违约导致合同解除，承租人请求出租人赔偿剩余租赁期内装饰装修残值损失的，不予支持；但出租人同意利用的，应在利用价值范围内予以适当补偿。

（3）因双方违约导致合同解除，剩余租赁期内装饰装修残值损失，由双方根据各自的过错承担相应的责任。

（4）因不可归责于双方的事由导致合同解除的，剩余租赁期内的装饰装修残值损失，由双方按照公平原则分担。法律另有规定的，适用其规定。

第四，租赁期届满时，承租人请求出租人补偿附合装饰装修费用的，依照法释〔2009〕11号文件第十二条的规定，除当事人另有约定外，法院不予支持。

第五，经出租人同意扩建但对扩建费用没有约定的处理。依照法释〔2009〕11号文件第十四条的规定，人民法院按照下列情形分别处理：

（1）办理合法建设手续的，扩建造价费用由出租人负担。

（2）未办理合法建设手续的，扩建造价费用由双方按照过错分担。

217. 在未经出租人同意的情况下，对承租人装饰装修、增设他物行为如何处理？

答：依照《合同法》第二百二十三条第二款、法释〔2009〕11

号文件第十三条的规定，承租人未经出租人同意，对租赁物进行改善、装饰装修、增设他物发生的费用，由承租人负担。出租人请求承租人恢复原状或赔偿损失的，人民法院应予支持。

218. 承租人擅自变动房屋建筑主体和承重结构或扩建，在出租人要求的合理期限内仍不予恢复原状，出租人请求解除合同并要求赔偿损失的，法院应如何处理？

答：依照法释〔2009〕11号文件第七条的规定，人民法院将依照《合同法》第二百一十九条的规定处理，即承租人未按照约定的方法或租赁物的性质使用租赁物，致使租赁物受到损失的，出租人可以解除合同并要求赔偿损失。

219. 导致租赁房屋无法使用，在哪些法定情形下，法院支持承租人请求解除合同的主张？

答：依照法释〔2009〕11号文件第八条的规定，因下列情形之一，导致租赁房屋无法使用，承租人请求解除合同的，人民法院应予支持：

（1）租赁房屋被司法机关或行政机关依法查封的。

（2）租赁房屋权属有争议的。

（3）租赁房屋具有违反法律、行政法规关于房屋条件强制性规定情况的。

220. 出租人拥有哪些房屋租赁合同法定解除权？

答：依照法律、法规的规定，出租人拥有下列房屋租赁合同法定解除权：

（1）以《合同法》第九十四条规定的五项事由为依据的解除权，即因不可抗力致使不能实现合同目的；在履行期限届满之前，承租人明确表示或以自己的行为表明不履行主要债务；当事人一方迟延履行主要债务，经催告后在合理期间内仍未履行；当事人迟延履行债务或有其他违约行为致使不能实现合同目的的；法律规定的其他情形。

(2) 以《合同法》第二百二十七条规定的“承租人逾期不支付租金”为依据的解除权。

(3) 以《合同法》第二百三十二条规定的“视为不定期租赁合同”为依据的随时解除权。但一方当事人解除合同，应当在合理期间之前通知另一方当事人。

(4) 以法释〔2009〕11号文件第七条规定的“承租人擅自变动房屋建筑主体和承重结构或扩建，合理期间内仍不恢复原状”为依据的解除权。

(5) 以《合同法》第二百二十四条第二款规定的“承租人未经出租人同意转租”为依据的解除权。

(6) 以《合同法》第二百一十九条规定的“承租人未按照约定的方法或租赁物的性质使用租赁物，致使租赁物受到损失”为依据的解除权。

221. 承租人拥有哪些房屋租赁合同法定解除权?

答：承租人除也拥有出租人拥有的以《合同法》第九十四条规定为依据的解除权外，还拥有以下租赁合同法定解除权：

(1) 以《合同法》第二百三十一条规定的“因租赁物部分或全部毁损、灭失，致使不能实现合同目的”为依据的解除权。

(2) 以《合同法》第二百三十三条规定的“租赁物危及承租人的安全或健康”为依据的解除权；

(3) 以《合同法》第二百一十六条规定的“出租人拒不依约交付租赁房屋”为依据的解除权。

(4) 以法释〔2009〕11号文件第八条第一项规定的“司法机关或行政机关依法查封租赁物房屋导致承租人不能使用”为依据的解除权。

(5) 以法释〔2009〕11号文件第八条第二项规定的“租赁房屋

有争议”为依据的解除权。

（6）以法释〔2009〕11号文件第七条第三项规定的“租赁房屋具有违反法律、行政法规关于房屋使用条件强制性规定”为依据的解除权。

（7）以法释〔2009〕11号文件第六条第二款规定的“因一房数租，一方不能取得租赁房屋”为依据的解除权。

222. 预租关系解除后，对承租人提前进场装饰装修形成的不能拆除的附合物如何处理？

答：在预租合同中，因出租人同意承租人提前进场进行装饰装修；预租关系解除后，对不能拆除的附合物，依照法（办）发〔1988〕6号文件第86条的规定，非产权人在使用他人的财产上增添附属物，而财产所有人也同意增添，并且就财产返还时添附物如何处理有约定的，按约定办理。没有约定又协商不成，能够拆除的，可以责令拆除；不能拆除的，可以折价归财产所有人；造成财产所有人损失的，应当负赔偿责任。

223. 如何理解对租赁物房屋进行改善或增设他物的法律意义？

答：根据《〈建设工程质量管理条例〉释义》第二条第一项第1目、第二项和《合同法》第二百二十三条的规定，扩建主要是指在原有基础上加高加层；改建是指不增加建筑物或建设项目体量，在原有基础上，为提高生产效率、改进产品质量、改变产品方向或改善建筑物使用功能、改变使用目的，对原有工程进行改造的建设项目。改善，通常是指不改变租赁物的外观形状，仅对其使用性能进行改造提升。而增设他物，最简单地说，就是在原租赁物上增添新物。装饰装修工程也是改建、改善工程，是包括对建筑物内外进行以美化、舒适化、增加使用功能为目的的工程建设活动。

装饰装修工程属于法（办）发〔1988〕6号文件第86条、第87条规定的“添附理论”，是由不同所有权人的物因附和、附着、混合组成一新物。解决因装饰装修产生的所有权问题的途径，依照法（办）发〔1988〕6号文件第86条、第87条、第89条和法释〔2009〕11号文件第十条、第十一条、第十二条、第十三条、第十四条的规定，基本有三：一是未形成附和的装饰装修物由承租人拆除。因拆除造成租赁房屋毁损的，承租人恢复原状，各归其主。二是维持经装饰装修后的租赁房屋现状，装饰装修与房屋各物权所有人构成共有关系。三是维持现状，因装饰装修后形成的一新物，归租赁一方所有。比较上述三种途径，社会实践效果证明，第一种渠道因动产与不动产分开而导致物的毁损和效用的发挥；第二种渠道因法律关系复杂，不仅不利于权利人维权，还极易滋生纠纷。因此，上述两种途径不是最佳选择。第三种渠道，不仅平衡租赁双方的利益关系，更突出的是，《合同法》、法（办）发〔1988〕6号文件、法释〔2009〕11号文件都有具体规定，所以该解决途径法律关系清晰，便于采用。

第四篇

房屋征收、补偿、拆迁与安置

第十章　房屋征收与补偿

224. 被征收房屋产权所有人是否享有获得经济补偿的权利?

答：尽管征收房屋是公共利益的需要，但也不能以牺牲被征收人的合法权益为代价。根据《物权法》第四十二条第三款、2011年1月21日《国有土地上房屋征收与补偿条例》（以下简称国务院令第590号）第二条的规定，征收单位、个人的房屋及其他不动产，应当依法给予被征收人公平拆迁补偿，维护被征收人的合法权益；征收个人住宅的，还应当保障被征收人的居住条件。因此，被征收房屋产权所有人获得经济补偿是法定权利，受《中华人民共和国宪法》、法律和国家政策的保护，任何单位、组织和个人无权剥夺。

225. 征收房屋符合哪些法定情形才能称得上为了公共利益需要?

答：公共利益是指不特定社会成员所享有的利益。其具体解释尚无精准的法律定义，这正是当今社会建设中导致该称谓不断被冒用的原因所在。按照最高法专家法官组的阐释和专家学者的共识，公共利益可以被理解为社会公众基于社会经济发展，追求满足的愿望或需求。它是基于对个人利益的限制而产生，其基本含义从被征收不动产的性质和用途来讲，必须具有公共使用、公共利益的性质和用途，不具有营利性。鉴于现代市场经济条件下，国家为满足公众对社会产品的需求，一般也只能通过征收以牺牲少数人利益来满足公众对社会产品的需求。在征收房屋拆迁过程中，公共和个人利益的博弈突出，在市场经济条件下，通用的平衡公共利益与被征收人利益的博弈举措，无疑是通过经济补偿来实现。而在社会现实中，鉴于行政拆迁中的行政补偿高于民事拆迁的民事补偿标准，公共利益征收低于商业征收的补偿标准，导致不少商业开发商偷梁换柱以公共利益为幌子，政府也受“土地财政”利益的驱动，二者很容易形成利益共同体，把原本属于商业性质的征收、征用变味为政府支持的行政征收、征用，损害群众利益。其根源就在于，当下法律、法规规定的公共利益过于宽泛。为了规范以公共利益为由的征收行为，2016年11月4日《中共中央国务院关于完善产权保护制度依法保护产权的意见》第八节明确提出完善土地、房屋等财产征收征用法律制度，合理界定征收征用的公共利益范围，不将公共利益扩大化，细化规范征收征用法定权限和程序。遵循及时合理补偿原则，完善国家补偿制度，进一步明确补偿的范围、形式和标准，给予被征收征用者公平合理的补偿。

为了保证国家安全、促进国民经济和社会发展等公共利益需要，国务院令第590号第八条对适用公共利益需要征收房屋的法定要件做出了明确规定，即具备下列法定情形之一，需要征收房屋的，由市、县人民政府做出房屋征收决定：

（1）国防和外交的需要。

（2）由政府组织实施的能源、交通、水利等基础设施建设的需要。

（3）由政府组织实施的科技、教育、文化、卫生、体育、环境和资源保护、防灾减灾、文物保护、社会福利、市政公用等公共事业的需要。

（4）由政府组织实施的保障性安居工程建设的需要。

（5）由政府依照《城乡规划法》有关规定组织实施的对危房集中、基础设施落后等地段进行旧城区改建的需要。

（6）法律、行政法规规定的其他公共利益的需要。

226. 征收房屋的各项建设活动应当符合哪些法定要求?

答：依照国务院令第 590 号第九条的规定，依照本令第八条规定，确需征收房屋的各项建设活动，应当符合国民经济和社会发展规划、土地利用总体规划、城乡规划和专项规划。保障性安居工程建设、旧城区改建，应当纳入市、县级国民经济和社会发展年度计划。

227. 房屋征收部门拟定征收补偿方案的法定程序是什么?

答：依照国务院令第 590 号第十条、第十一条、第十二条的规定，房屋征收部门拟定征收补偿方案，报市、县级人民政府。

市、县级人民政府应当组织有关部门对征收补偿方案进行论证并予以公布，征求公众意见不得少于 30 日。

市、县级人民政府应当将征求意见情况和根据公众意见修改情况及时公布。

因旧城区改建需要征收房屋，多数被征收人认为征收补偿方案不符合本条例规定的，市、县级人民政府应当组织由被征收人和公众代表参加的听证会，并且根据听证会情况修改方案。

市、县级人民政府做出房屋征收决定前，应当按照有关规定进行社会稳定风险评估；房屋征收决定涉及被征收人数量较多的，应当经政府常务会议讨论决定。

做出房屋征收决定前，征收补偿费用应当足额到位、专户存储、专款专用。

228. 市、县级人民政府在做出房屋征收决定前应履行哪些法定职责?

答：依照国务院令第 590 号第十二条、第十五条的规定，市、县级人民政府做出房屋征收决定前，应当按照有关规定进行社会稳定风险评估；房屋征收决定涉及被征收人数较多的，应当经政府常务会议讨论决定。

做出房屋征收决定前，征收补偿费用应当足额到位、专户存储、专款专用。

229. 市、县级人民政府在做出房屋征收决定后应履行哪些法定职责？

答：依照国务院令第590号第十三条、第十五条、第十六条第二款的规定，市、县级人民政府做出房屋征收决定后，应当及时公告，公告应当载明征收补偿方案和行政复议、行政诉讼权利等事项。

市、县级人民政府及房屋征收部门，应当做好房屋征收与补偿的宣传、解释工作。

房屋被依法征收的，国有土地使用权同时收回。

房屋征收部门应当对房屋征收范围内房屋权属、区位、用途、建筑面积等情况组织调查登记，被征收人应当予以配合。调查结果应当在房屋征收范围内向被征收人公布。

房屋征收范围确定后，不得在房屋征收范围内实施新建、扩建、改建房屋和改变房屋用途等不当增加补偿费用的行为；违反规定实施的，不予补偿。房屋征收部门应当将前款所列事项书面通知有关部门暂停办理相关手续。暂停办理相关手续的书面通知应当载明暂停期限。暂停期限最长不得超过1年。

230. 不服市、县级人民政府做出的房屋征收决定，法律、法规赋予了被征收人怎样的救济权利？

答：依照国务院令第590号第十四条的规定，被征收人对市、县级人民政府做出的房屋征收决定不服的，可以依法申请行政复议，也可以依法提起行政诉讼。

231. 房屋征收范围确定后，房屋被征收人在房屋征收范围内新建、扩建、改建房屋和改变房屋用途等不当增加补偿费用的行为，能否获得补偿？

答：依照国务院令第590号第十六条第一款的规定，房屋征收范围确定后，房屋被征收人在房屋征收范围内新建、扩建、改建房屋和改变房屋用途等不当增加补偿费用的行为，违反规定实施的，不予补偿。

232. 法律、法规对征收房屋的补偿和住房保障是如何规定的？

答：依照国务院令第590号第十七条、第十八条的规定，做出房屋征收决定的市、县级人民政府对被征收人给予的补偿包括以下几项：

（1）被征收房屋价值的补偿。

（2）因征收房屋造成的搬迁、临时安置的补偿。

（3）因征收房屋造成的停产停业损失的补偿。

市、县级人民政府应当制定补助和奖励办法，对被征收人给予补助和奖励。

征收个人住宅，被征收人符合住房保障条件的，做出房屋征收决定的市、县级人民政府应当优先给予住房保障。

233. 国家和河北省人民政府对征收房屋价值的补偿标准是如何规定的？

答：依据2016年11月4日《中共中央国务院关于完善产权保护制度依法保护产权的意见》第八条、国务院令第590号第十九条第一款的规定，遵循及时合理补偿原则，完善国家补偿制度，进一步明确补偿的范围、形式和标准，给予被征收征用者公平合理补偿。这表明中央已看到了其中存在的重要隐患，体现的是解决问题的决心，政策的亮点就在于及时、合理上。被征收房屋价值是指被征收房屋及其占用范围内的土地使用权在正常交易情况下，由熟悉情况的交易双方以公平交易方式在评估时点自愿进行交易的金额。

对征收房屋价值的补偿，不得低于房屋征收决定公告之日被征收房屋类似房地产的市场价格。被征收房屋的价值，由具有相应资质的房地产价格评估机构按照房屋征收评估办法评估确定。

依照2012年8月1日起施行的《河北省国有土地上房屋征收与补偿实施办法》（河北省人民政府令〔2012〕第2号）第十一条规定，被征收人选择房屋产权调换的，设区的市、县（市、区）人民政府应当提供用于产权调换的房屋，并且与被征收人计算、结清被征收房屋价值与用于产权调换房屋价值的差价。因旧城区改建征收个人住宅，被征收人选择在改建地段进行房屋产权调换的，做出房屋征收决定的设区的市、县（市、区）人民政府应当提供改建地段或就近地段的房屋。

依据该办法第十二条规定，被征收房屋室内装饰装修价值，机器设备、物资等搬迁费用，以及停产停业损失等补偿，由房屋征收当事人协商确定；协商不成的，房屋征收部门、被征收人可以委托具有相应资质的评估机构评估确定。给予被征收人停产停业损失补偿的，应当符合下列条件：

（1）被征收房屋具有房屋权属证明或经有关部门认定为合法建筑。

（2）被征收房屋为非住宅用房。

（3）有合法、有效的营业执照或其他相关生产经营行政许可手续，而且营业执照或其他相关生产经营行政许可手续上载明的住所（营业场所）为被征收房屋。

（4）已办理税务登记并具有纳税凭证。

依据该办法第十四条规定，因征收房屋造成停产停业损失的补偿，按征收房屋造成的实际财产损失进行补偿。计算因征收房屋造成的停产停业损失，应当根据纳税情况、经营规模、停产停业期限等因素确定。

征收房屋造成停产停业的，应当给停产停业的职工发放生活补助费。停产停业的职工月生活补助费，按当地社会平均工资标准计算；其停产停业职工数量以生产经营者在征收决定发布前12个月缴纳社会保险的月平均人数计算；发放停产停业生活补助费期限按6个月计算。

征收非住宅用房，被征收人选择货币补偿的，被征收房屋的临时安置补偿费按6个月计算；被征收人选择产权调换的，被征收房屋的临时安置补偿费按实际期限计算。

依据该办法第十五条规定，生产经营者依法承租房屋进行生产经营且租赁合同未到期所承租房屋被征收的，其停产停业损失补偿费应当依照生产经营者与被征收人的约定分配；无约定的，房屋征收部门可将生产经营者的停产停业损失直接补偿给生产经营者。

依据该办法第十六条规定，征收个人住宅，被征收人符合城镇住房保障条件的，做出房屋征收决定的设区的市、县（市、区）人民政府应当按下列原则优先给予住房保障：

（1）实行货币补偿的，属于低收入家庭且住房总建筑面积不足30平方米的，按30平方米予以补偿，补偿后仍符合条件的，优先予以住房保障。

（2）实行产权调换的，依据房地产市场评估价格确定被征收住房的补偿价格，再调换住房，但调换后的住房总建筑面积不得小于30平方米，属于低收入家庭且住房总建筑面积不足30平方米的，调换后的住房30平方米以内部分，被征收人不需支付房款，超过部分，被征收人按房地产市场价格结清差价。

对难以支付差价款的低收入家庭，其所调换的住房可以与设区的市、县（市、区）人民政府按一定比例共有，被征收人应当就保障标准内非自有产权的部分向产权人支付廉租住房租金，就保障标准外非自有产权的部分向产权人支付市场价租金。被征收人在具备支付能力且愿意购买时，可以按再次购买时的市场价格购买。

依据该办法第十七条规定，征收依照城镇住房制度改革政策确定的标准价出售的住宅时，售房单位和购房人应当共同作为被征收人。被征收人要求实行货币补偿的，房屋征收部门应当根据房屋所有权证书载明的产权比例分别给予补偿；被征收人要求实行产权调换的，在对用于安置的房屋进行产权登记时，应当注明产权比例。

依据该办法第十八条规定，征收依照城镇住房制度改革政策允许出售的公有住房，承租人可以按城镇住房制度改革政策规定购买住房后，再与房屋征收部门签订补偿安置协议；对依照城镇住房制度改革政策不允许出售的住房，对产权人实行房屋产权调换，由承租人继续承租，产权人与承租人应当按补偿安置方案重新订立房屋租赁合同。

依据该办法第十九条规定，安置用房的规划、建设应当以房屋征收补偿安置方案为基础，充分考虑被征收人和房屋征收部门的意见。

房屋征收部门提供已经使用过的房屋安置被征收人的，其房屋应当符合国务院住房城乡建设主管部门规定的基本完好房屋标准，并且具备供水、供热和供电等基本生活条件。

依据该办法第二十条规定，房屋征收部门与被征收人应当依照《国有土地上房屋征收与补偿条例》和本办法的规定，就补偿方式、补偿金额和支付期限、用于产权调换房屋的地点和面积、搬迁费、临时安置补偿费或周转用房、停产停业损失、搬迁期限、过渡方式和过渡期限等事项，订立补偿协议。

补偿协议订立生效后，一方当事人不履行补偿协议约定义务的，另一方当事人可以依法提起诉讼。

依据该办法第二十一条规定，实施房屋征收应当先补偿，后搬迁。

234. 如何理解被征收房屋的市场价格？

答：被征收房屋的市场价格，依照建设部 2011 年 6 月 3 日发布的《国有土地上房屋征收评估办法》（以下简称建房〔2011〕77 号文件）第十一条的规定，被征收房屋价值是指被征收房屋及其占用范围内的土地使用权在正常交易情况下，由熟悉情况的交易双方以公平交易方式在评估时点自愿进行交易的金额，但不考虑被征收房屋租赁、抵押、查封等因素的影响。

前款所述不考虑租赁因素的影响，是指评估被征收房屋无租约限制的价值。不考虑抵押、查封因素的影响，是指在评估价值中不扣除被征收房屋已抵押担保的债权数额、拖欠的建设工程价款和其他法定优先受偿款。

235. 如何理解被征收房屋的类似房地产？

答：依照建房〔2011〕77 号文件第三十条的规定，被征收房屋的类似房地产是指与被征收房屋的区位、用途、权利性质、档次、新旧程度、规模、建筑结构等相同或相似的房地产。被征收房屋类似房地产的市场价格是指被征收房屋类似房地产在评估时点的平均交易价格。确定被征收房屋类似房地产的市场价格，应当剔除偶然的和不正常的因素。

236. 城中村改造对被拆迁户总回迁最大面积是否有限制？

答：国务院令第 590 号第十九条第一款只规定了遵循及时合理补偿、不得低于房屋征收决定公告之日被征收房屋类似房地产的市场价格的总的原则，但对上述回迁面积并未做出具体规定。石家庄市人民政府为落实细化补偿原则，切实维护被拆迁人回迁房的合法权益，着眼实际，以《关于进一步规范土地市场秩序的意见》（石政发〔2016〕21 号）第一节第二目予以了明确规定：城中村改造每户回迁建筑面积原则上不超过 300 平方米。

237. 对评估确定的被征收房屋价值有异议怎么办?

答：依照国务院令第 590 号第十九条第二款的规定，对评估确定的被征收房屋价值有异议的，可以向房地产价格评估机构申请复核评估。对复核结果有异议的，可以向房地产价格评估专家委员会申请鉴定。

238. 房屋征收评估的基本程序有哪些?

答：房屋征收评估，依照建房〔2011〕77 号文件的相关规定，基本程序如下：

（1）房屋征收评估前期工作。

依照国务院令第 590 号第九条的规定，房屋征收评估前，房屋征收部门应当组织有关单位对被征收房屋情况进行调查，明确评估对象。评估对象应当全面、客观，不得遗漏、虚构。

房屋征收部门应当向受托的房地产价格评估机构提供征收范围内房屋情况，包括已经登记的房屋情况和未经登记建筑的认定、处理结果情况。调查结果应当在房屋征收范围内向被征收人公布。

对于已经登记的房屋，其性质、用途和建筑面积，一般以房屋权属证书和房屋登记簿的记载为准。房屋权属证书与房屋登记簿的记载不一致的，除有证据证明房屋登记簿确有错误的外，以房屋登记簿为准。对于未经登记的建筑，应当按照市、县级人民政府的认定处理结果进行评估。

（2）评估机构的选择。

依照建房〔2011〕77 号文件第四条的规定，房地产评估机构由被征收人在规定的时间内协商确定；在规定的时间内协商不成的，由房屋征收部门通过组织被征收人按照少数服从多数的原则投票决定，或者采取摇号、抽签等随机方式确定。具体办法由省、自治区、直辖市制定。

房地产价格评估机构不得采取迎合征收当事人不当要求、虚假宣传、恶意低收费等不正当手段承揽房屋评估业务。

（3）承担不同征收房屋范围的评估机构数。

依照建房〔2011〕77号文件第五条的规定，同一征收项目的房屋评估工作，原则上由一家房地产价格评估机构承担。房屋征收范围较大的，可以由两家以上房地产价格评估机构共同承担。

两家以上房地产价格评估机构承担的，应当共同协商确定一家房地产价格评估机构为牵头单位；牵头单位应当组织相关房地产价格评估机构就评估对象、评估时点、价值内涵、评估依据、评估假设、评估原则、评估技术路线、评估方法、重要参数选取、评估结果确定方式等进行沟通，统一标准。

（4）出具评估委托书。

依照建房〔2011〕77号文件第六条第一款的规定，房地产价格评估机构选定或确定后，一般由房屋征收部门作为委托人，向房地产价格评估机构出具房屋征收评估委托书，并且与其签订房屋征收评估委托合同。

（5）实施评估。

依照建房〔2011〕77号文件第七条、第十四条的规定，房屋征收部门出具评估委托书并与其签订房屋征收评估委托合同后，房地产价格评估机构应当指派与房屋征收评估项目工作量相适应的足额数量的注册房地产估价师开展评估工作。

房地产价格评估机构不得转让或变相转让受托的房屋征收评估业务。

被征收房屋价值评估应当考虑被征收房屋的区位、用途、建筑结构、新旧程度、建筑面积及占地面积、土地使用权等影响被征收房屋价值的因素。

被征收房屋室内装饰装修价值，机器设备、物资等搬迁费用，以及停产停业损失等补偿，由征收当事人协商确定；协商不成的，可以委托房地产价格评估机构通过评估确定。

（6）实地查勘。

依照建房〔2011〕77号文件第十二条的规定，房地产价格评估机构应当安排注册房地产估价师对征收房屋进行实地查勘，调查被征收房屋状况，拍摄反映被征收房屋内外部状况的照片等影像资料，做好实地查勘记录并妥善保管。

被征收人应当协助注册房地产估价师对被征收房屋进行实地查勘，提供或协助搜集被征收房屋价值评估所必需的情况和资料。

房屋征收部门、被征收人和注册房地产估价师应当在实地查勘记录上签字或盖章确认。被征收人拒绝在实地查勘记录上签字或盖章的，应当由房屋征收部门、注册房地产估价师和无利害关系的第三人见证，有关情况应当在评估报告中说明。

（7）分户初步评估结果公示。

依照建房〔2011〕77号文件第十六条、第十七条的规定，房地产价格评估机构应当按照房屋征收评估委托书或委托合同的约定，向房屋征收部门提供分户的初步评估结果。分户的初步评估结果应当包括评估对象的构成及其基本情况和评估价值。房屋征收部门应当将分户的初步评估结果在征收范围内向被征收人公示。

公示期间，房地产价格评估机构应当安排注册房地产估价师对分户的初步评估结果进行现场说明解释。存在错误的，房地产价格评估机构应当修正。

分户初步评估结果公示期满后，房地产价格评估机构应当向房屋征收部门提供委托评估范围内被征收房屋的整体评估报告和分户评估报告。房屋征收部门应当向被征收人转交分户评估报告。整体评估报告和分户评估报告应当由负责房屋征收评估项目的两名以上注册房地产估价师签字，并且加盖房地产价格评估机构公章。不得以印章代替签字。

（8）归档。

依照建房〔2011〕77号文件第十八条的规定，房屋征收评估业务完成后，房地产价格评估机构应当将评估报告及相关资料立卷、归档保管。

（9）不服评估结果的权利救济。

依照建房〔2011〕77号文件第十九条至第二十三条、第二十五条的规定，被征收人或房屋征收部门对评估报告有疑问的，出具评估报告的房地产价格评估机构应当向其做出解释和说明。

被征收人或房屋征收部门对评估报告有异议的，应当自收到评估报告之日起10日内，向房地产价格评估机构申请复核评估。

申请复核评估的，应当向原房地产价格评估机构提出书面复核评估申请，并且指出评估报告存在的问题。

原房地产价格评估机构应当自收到书面复核评估申请之日起10日内，对评估结果进行复核。复核后改变原评估结果的，应当重新出具评估报告；评估结果没有改变的，应当书面告知复核评估申请人。

被征收人或房屋征收部门对原房地产价格评估机构的复核结果有异议的，应当自收到复核结果之日起10日内，向被征收房屋所在地评估专家委员会申请鉴定。被征收人对补偿仍有异议的，按照《国有土地上房屋征收与补偿条例》第二十六条规定处理。

评估专家委员会自收到鉴定申请之日起10日内，对申请鉴定评估报告的评估程序、评估依据、评估假设、评估技术路线、评估方法选用、参数选取、评估结果确定方式等评估技术问题进行审核，出具书面鉴定意见。

经评估专家委员会鉴定，评估报告不存在问题的，应当维持评估报告；评估报告存在技术问题的，出具评估报告的房地产价格评估机构应当改正错误，重新出具评估报告。

（10）当事人协助义务。

依照建房〔2011〕77号文件第二十六条的规定，房屋征收评估鉴定过程中，房地产价格评估机构应当按照评估专家委员会要求，就鉴定涉及的评估相关事宜进行说明。需要对征收房屋进行实地查勘和调查的，有关单位和个人应当协助。

239. 房屋征收评估鉴定费用由谁承担？执行什么标准？

答：依照建房〔2011〕77号文件第三十一条的规定，房屋征收评估、鉴定费用由委托人承担。但是，鉴定改变原评估结果的，鉴定费用由原房地产价格评估机构承担。复核评估费用由原房地产价格评估机构承担。房屋征收评估、鉴定费用按照政府价格主管部门规定的收费标准执行。

240. 被征收房屋的补偿有哪些方式可供选择？

答：依照国务院令第590号第二十一条的规定，被征收人可以选择货币补偿，也可以选择房屋产权调换。实践中，也有选择货币补偿与产权调换兼容的方式。所谓货币补偿，是指拆迁人对于被拆迁的房屋及其附属物，以货币按照市场价值对被拆迁人给予补偿的形式。所谓产权调换，是指拆迁人把在原地或异地建设的房屋补偿给被拆迁人，进而达到被拆迁人继续对房屋享有所有权的形式。所谓货币补偿与产权调换兼容，是指拆迁人依照被拆迁人房屋建筑面积，一部分给予产权调换补偿，剩余部分给予货币补偿。被征收人选择房屋产权调换的，市、县级人民政府应当提供用于产权调换的房屋，并且与被征收人计算、结清被征收房屋价值与用于产权调换房屋价值的差价。

因旧城区改建征收个人住宅，被征收人选择在改建地段进行房屋产权调换的，做出房屋征收决定的市、县级人民政府应当提供改建地段或就近地段的房屋。

241. 对因征收房屋造成搬迁、停产停业损失如何补偿?

答：依照国务院令第590号第二十二条、第二十三条、第二十五条第一款的规定，因征收房屋造成搬迁的，房屋征收部门应当向被征收人支付搬迁费；选择房屋产权调换的，产权调换房屋交付前，房屋征收部门应当向被征收人支付临时安置费或提供周转用房。

对因征收房屋造成停产停业损失的补偿，根据房屋被征收前的效益、停产停业期限等因素确定。鉴于补偿是为了填平损失，因此仅从补偿与损失的相对性上讲，在没有出租的情况下，当然由房屋所有人受领，反之由实际经营的承租人受领。房屋所有人的投入可从房屋所有权和附属物的补偿中获得，倘若针对出租行为实施了专门投入又无法获得补偿，则可从停产停业补偿中按比例获得。具体补偿办法，法律授权给省、自治区、直辖市自行制定。

房屋征收部门与被征收人依照本条例的规定，就补偿方式、补偿金额和支付期限，用于产权调换房屋的地点和面积、搬迁费、临时安置费或周转用房、停产停业损失、搬迁期限、过渡方式和过渡期限等事项，订立补偿协议。

242. 一方当事人不履行补偿协议，另一方当事人怎么办?

答：依照国务院令第590号第二十五条第二款的规定，一方当事人不履行补偿协议约定的义务的，另一方当事人可以依法提起诉讼。

243. 对房屋征收部门与被征收人在征收补偿方案确定的期限内达不成补偿协议或被征收房屋所有权人不明确的怎么处理?

答：依照国务院令第590号第二十六条第一款、第二款的规定，由房屋征收部门报请做出房屋征收决定的市、县级人民政府依照本条例的规定，按照征收补偿方案做出补偿决定，并且在房屋征收范围内予以公告。补偿决定应当公平，包括本条例第二十五条第一款规定的有关补偿协议的事项。

244. 被征收人对补偿决定不服，怎么办？

答：依照国务院令第590号第二十六条第三款的规定，被征收人对补偿决定不服，可以依法申请行政复议，也可以依法提起行政诉讼。

245. 对被征收人在法定期限内既不申请行政复议或提起行政诉讼，在补偿决定规定的期限内又不搬迁的，如何处理？

答：依照国务院令第590号第二十八条的规定，由做出房屋征收决定的市、县级人民政府依法申请人民法院强制执行。强制执行申请书应当附具补偿金额和专户存储账户、产权调换房屋和周转用房的地点和面积等材料。

246. 实施房屋征收不先补偿，可否拒绝搬迁？

答：依据国务院令第590号第二十七条规定，实施房屋征收应当先补偿、后搬迁。因此，实施房屋征收不先补偿，被征收人有权拒绝搬迁。但是，该条例也同时规定，做出房屋征收决定的市、县级人民政府对被征收人给予补偿后，被征收人应当在补偿协议约定或补偿决定确定的搬迁期限内完成搬迁。

任何单位和个人不得采取暴力、威胁或违反规定中断供水、供电、供热、供气和道路通行等非法方式迫使被征收人搬迁。禁止建设单位参与搬迁活动。

247. 申请机关向人民法院申请强制执行应提供哪些材料？

答：依照2012年3月26日《最高人民法院关于办理申请人民法院强制执行国有土地上房屋征收补偿决定案件若干问题的规定》（以下简称法释〔2012〕4号文件）第二条的规定，除提供国务院令第590号第二十八条规定的强制执行申请书及附具材料（补偿金额和专户存储账号、产权调换房屋和周转用房的地点和面积等）外，还应当提供下列材料：

（1）征收补偿决定及相关证据和所依据的规范性文件。

（2）征收补偿决定送达凭证、催告情况及房屋被征收人、直接利害关系人的意见。

（3）社会稳定风险评估材料。

（4）申请强制执行的房屋状况。

（5）被执行人的姓名或名称、住址及与强制执行相关的财产状况等具体情况。

（6）法律、行政法规规定的应当提交的其他材料。

强制执行申请书应当由申请机关负责人签名，加盖申请机关印章，注明日期。

强制执行的申请应当自被执行人的法定起诉期限届满之日起三个月内提出；逾期申请的，除有正当理由外，人民法院不予受理。

248. 人民法院受理强制执行申请后怎么办？

答：依照法释〔2012〕4 号文件第三条、第四条、第五条的规定，人民法院认为强制执行申请符合形式要件且材料齐全的，应当在接到申请后五日内立案受理，并且通知申请机关；不符合形式要件或材料不全的应当限期补正，并且在最终补正的材料提供后五日内立案受理；不符合形式要件或逾期无正当理由不补正材料的，裁定不予受理。

申请机关对不予受理的裁定有异议的，可以自收到裁定之日起 15 日内向上一级人民法院申请复议，上一级人民法院应当自收到复议申请之日起 15 日内做出裁定。

人民法院应当自立案之日起 30 日内做出是否准予执行的裁定；有特殊情况需要延长审查期限的，由高级人民法院批准。

人民法院在审查期间，可以根据需要调取相关证据、询问当事人、组织听证或进行现场调查。

249. 征收补偿决定在哪些法定情形下法院应裁定不准予执行？

答：依据法释〔2012〕4号文件第五条、第六条，2012年4月5日《最高人民法院关于认真贯彻执行〈关于办理申请人民法院强制执行国有土地上房屋征收补偿决定案件若干问题的规定〉的通知》（以下简称法〔2012〕97号文件）第二节第四目、第五目、第六目的规定，严格坚持以人为本、程序合法与正当性的正确导向和审查标准的立法本意。《中华人民共和国行政强制法》（以下简称《行政强制法》）第五十八条将相关案件审查期限规定为30日，主要是考虑此类案件许多具有复杂性和敏感性，法官需要有相对充分的审查时间，以做到审慎稳妥、判断准确，防止因草率裁定而损害被征收人合法权益或使公众产生审查程序流于形式的误解。因特殊情况（如案情疑难复杂、需征求有关部门意见或调查取证等）需要延长审查期限的，由高级人民法院批准。基层人民法院应依照法释〔2000〕8号文件第八十二条规定的程序，直接报请高级人民法院批准，同时报中级人民法院备案。

征收补偿决定存在下列情形之一的，依据最高人民法院《关于办理申请人民法院强制执行国有土地上房屋征收补偿决定案件若干问题的规定》第六条、第八条的规定，法院应当裁定不准予执行：

（1）明显缺乏事实根据。

（2）明显缺乏法律、法规依据。

（3）明显不符合公平补偿原则，严重损害被执行人合法权益或使被执行人基本生活、生产经营条件没有保障。

（4）明显违反行政目的，严重损害公共利益。

（5）严重违反法定程序或正当程序。

（6）超越职权。

（7）法律、法规、规章等规定的其他不宜强制执行的情形。

人民法院裁定不准予执行的，应当说明理由，特别要注重增强不准予执行裁定的逻辑严密性和说理透彻性，并且在5日内将裁定送达申请机关。

裁定准予执行的，应当在5日内将裁定送达申请机关和被执行人，并且可以根据实际情况建议申请机关依法采取必要措施，保障征收与补偿活动顺利实施。

250. 申请机关对不准予执行的裁定有异议怎么办？

答：依照法释〔2012〕4号文件第七条、法〔2012〕97号文件第二节第五目的规定，申请机关对不准予执行的裁定有异议的，可以自收到裁定之日起15日内向上一级人民法院申请复议，上一级人民法院应当自收到复议申请之日起30日内做出裁定。经复议撤销原裁定的同时，既可以直接做出是否受理或是否准予执行的裁定，也可以针对原审裁定认定事实不清、证据不足等情形，裁定发回原审法院重新审查，申请机关对重新审查后的裁定可再次依法申请复议。

251. 如何理解裁执分离的执行方式？

答：所谓裁执分离，是指做出裁决的机关和执行裁决的机关不能是同一个机关，从而体现对权利的监督与制约，有效预防因权利滥用导致侵害被征收人及其他权利人合法权益的发生。依照法释〔2012〕4号文件第九条、法〔2012〕97号文件第二节第六目、国务院令第590号第二十八条、2012年6月13日《最高人民法院关于严格执行法律法规和司法解释依法妥善办理征收拆迁案件的通知》（以下简称法〔2012〕148号文件）第四条的规定，对行政机关申请强制执行国有土地上房屋征收补偿决定（或拆迁裁决）的案件，要严格按照法释〔2012〕4号文件及最高人民法院相关通知精神办理，严把立案、审查、执行关，切实体现“裁执分离”的原则，不得与地方政府搞联合执行、委托执行。要依法受理被执行人及利害关系人因行政机关强制执行过程中具体行政行为违法而提起的行政诉讼或行政赔偿诉讼；对申请先予执行的案件，原则上不得准许；凡由人民法院强制执行的，须报经上一级人民法院审查批准方可采取强制手段；对涉及面广、社会影响大、社会关注度高的案件，上级人民法院应当加强监督指导，防范和制止下级人民法院强制执行中的违法行为和危害社会稳定的情形发生。

人民法院裁定准予执行的，一般由做出征收补偿决定的市、县级人民政府组织实施，以体现“裁执分离”的改革方向。基于征收补偿决定的合法性、正当性应受到司法机关的监督，必须经依法申请人民法院审查做出准予执行的裁定后，才能步入强制执行程序。人民法院在做出准予执行的裁定时，可以同时载明由相关政府组织实施。除此，做出房屋征收决定的市、县人民政府不得自行决定强制执行；根据上述规定，也可以由人民法院执行。法院认为自身有足够能力时，由行政审判庭审查，由执行局执行。

252. 对房屋拆迁安置补偿纠纷如何提起诉讼?

答：(1) 对于拆迁决定或拆迁补偿安置裁决不服提起诉讼的，依照1996年7月24日《最高人民法院关于受理房屋拆迁补偿安置等案件问题的批复》(以下简称法复〔1996〕12号文件) 第一条的答复，公民、法人或其他组织对人民政府或城市房屋主管行政机关依职权做出的有关房屋拆迁、补偿、安置等问题的裁决不服，依法向人民法院提起诉讼的，人民法院应当作为行政案件受理。

(2) 拆迁人与被拆迁人因房屋补偿、安置等问题发生争议或达成协议后，一方或双方当事人反悔，未经行政机关裁决，仅就房屋补偿安置等问题，依法向人民法院提起诉讼的，依照法复〔1996〕12号文件第二条的答复，人民法院应当作为民事案件受理。

(3) 针对拆迁人与被拆迁人，或者拆迁人、被拆迁人与房屋承租人，达不成拆迁补偿安置协议，就补偿安置争议可否提起民事诉讼的问题，依照2005年8月1号公布的《最高人民法院关于当事人达不成拆迁补偿安置协议，就补偿安置争议提起民事诉讼法院应否受理问题的批复》（以下简称法释〔2005〕9号文件），向人民法院提起民事诉讼的，人民法院不予受理，并且告诉当事人可以按照《城市房屋拆迁管理条例》第二十六条的规定，向有关部门申请裁决。

（4）当事人达成补偿安置协议后，一方不履行协议或履行不适当，当事人依拆迁补偿安置协议提起民事诉讼的，属于《合同法》第六十条规定的合同履行问题，当事人依拆迁补偿安置协议提起民事诉讼的，法院应予受理。

（5）在拆迁人与被拆迁人之间未达成拆迁补偿安置协议，也未经行政裁决的情况下，强行拆除被拆迁人房屋的行为的，被拆迁人以拆迁人侵权为由提起民事诉讼的，依据《行政强制法》第三十五条、第三十六条规定，因拆迁人剥夺了被拆迁人依法享有的陈述、申辩权，有违法〔2012〕97号文件第二节第六目、第七目规定的“裁执分离”原则，构成程序违法。程序违法带来实体权利的丧失，依照《侵权责任法》第六条、第七条的规定，构成侵权。当事人以侵权为由提起诉讼的，法院应当作为民事案件受理。

（6）当事人达成了拆迁补偿安置协议仅就协议内容纠纷提起的诉讼，依照《合同法》第一百二十五条的规定，属于合同的解释问题，不属于国务院令第305号第十六条规定的拆迁人与被拆迁人，或者拆迁人、被拆迁人与承租人，达不成拆迁补偿安置协议的情况，依照法复〔1996〕12号文件第二条的答复，人民法院应当作为民事案件受理。

第十一章　拆迁与安置

253. 如何理解拆迁的法律意义?

答：随着城镇化建设的快步推进，伴生的拆迁纠纷居高不下，成为社会的热点问题，已影响到社会的稳定，引起中央的高度重视，不断推出顶层设计，国家立法、司法机关从立法、司法解释规范层面，从既要搞好城市建设又要充分保障各方权利人的合法权益上做出了最大的努力。拆迁的法律意义，依照法学、司法专家、学者的主流观点，实际上是拆迁人对被拆迁人财产（建筑物）的购买，对被拆迁人行使财产权利的一种限制。建设项目实施前，征收双方通过协议形式使财产权人对财产的被动让渡转化为自动让渡；在之后的拆迁过程中，大多被拆迁人并不是主动让渡，而是拆迁行政主管部门积极指导拆迁人兑现补偿方案，以最大限度地避免或减少拆迁阻力，可说是实现拆迁双方双赢不可或缺的重要一环。

254. 国家对征地拆迁管理、维护群众合法权益做出了怎样的顶层设计?

答：根据 2010 年 5 月 15 日《国务院办公厅关于进一步严格征地拆迁管理工作切实维护群众合法权益的紧急通知》（国办发〔2010〕15 号），征地拆迁关系人民群众的切身利益，党中央、国务院对此高度重视，明确要求坚决制止乱占、滥用耕地，严格城镇房屋拆迁管理，坚决纠正侵害人民群众利益的问题，切实维护社会稳定。进一步加强征地拆迁管理，妥善处理城市发展和征地拆迁的关系，是贯彻落实科学发展观、维护群众合法权益、构建社会主义和谐社会、促进经济社会可持续发展的一项重要工作。严格执行国家关于征地拆迁的法律、法规和政策规定，严格履行有关程序，坚决制止和纠正违法、违规强制征地拆迁行为。要改进工作作风，完善工作机制，下大力气化解征地拆迁中的矛盾纠纷，妥善解决群众的实际困难，维护正当的生产生活秩序和社会和谐稳定。

征收集体土地，必须在政府的统一组织和领导下依法规范有序开展。征地前要及时进行公告，征求群众意见。对于群众提出的合理要求，必须妥善予以解决，不得强行实施征地。要严格执行省、自治区、直辖市人民政府公布实施的征地补偿标准，已经公布实施但标准偏低的，必须尽快调整提高。要加强对征地实施过程的监管，确保征地补偿费用及时足额支付到位。征地涉及拆迁农民住房的，必须先安置后拆迁，妥善解决好被征地农户的居住问题，切实做到被征地拆迁农民原有生活水平不降低、长期生计有保障。重大工程项目建设涉及征地拆迁的，要带头严格执行规定程序和补偿标准。

城镇房屋拆迁，必须严格依法规范进行，必须充分尊重被拆迁人选择产权调换、货币补偿等方面的意愿。立项前要组织专家论证，广泛征求社会各界特别是被拆迁人的意见，并且要进行社会稳定风险评估。要控制拆迁规模，对于没有经过社会稳定风险评估或群众意见较大的项目，一律不得颁发房屋拆迁许可证。要严格控制行政强制拆迁的数量。实施行政强制拆迁要严格执行相关程序并报请上一级人民政府备案。程序不合法、补偿不到位、被拆迁人居住条件未得到保障及未制定应急预案的，一律不得实施强制拆迁。

对采取停水、停电、阻断交通等野蛮手段逼迫搬迁，以及采取“株连式拆迁”和“突击拆迁”等方式违法强制拆迁的，要严格追究有关责任单位和责任人的责任。因暴力拆迁和征地造成人员伤亡或严重财产损失的，公安机关要加大办案力度，尽快查清事实，依法严厉惩处犯罪分子。

255. 为依法妥善办理征收拆迁，防范和遏制恶性案件继续发生，最高人民法院对地方各级人民法院提出了怎样的要求？

答：自《行政强制法》《国有土地上房屋征收与补偿条例》和法释〔2012〕4号文件颁布实施以来，依法文明和谐征收拆迁得到社会广泛肯定。但是，一些地区违反征收拆迁规定的恶性事件屡有发生，并且呈上升势头。为防范和遏制类似事件的继续发生，营造良好的社会环境，现就此问题将2012年6月13日最高人民法院印发法〔2012〕148号文件相关规定简述如下：

（1）加强相关法律法规和司法解释的学习培训，特别是要组织基层人民法院搞好专门培训，切实把思想认识和工作思路统一到法律、法规、司法解释和最高人民法院的要求上来，在立案、审查和执行等工作中严格贯彻落实，不得擅自变通和随意解读。

（2）抓紧对征收拆迁案件进行一次全面排查，提前预测、主动应对和有效消除可能影响社会稳定的隐患。同时，对法律法规和司法解释颁布施行后的执法情况进行一次检查，在自查的基础上，上级人民法院要派出督查组对排查工作进行监督指导，特别是对近期发生征收拆迁恶性事件的地区和城郊接合部、城中村改造、违法违章建筑拆除等领域，要进行重点检查。坚决防止因工作失误、执法不规范或滥用强制手段导致矛盾激化，造成人员伤亡或财产严重损失等恶性后果及引发大规模群体性案件。

（3）认真研究解决征收拆迁案件的新情况、新问题。当前征收拆迁主要问题集中在违法征收土地和房屋、补偿标准低、实施程序不规范、滥用强制手段和工作方法简单粗暴等方面。各级人民法院要结合当地实际，认真研究受案范围、立案条件、受理标准、执行方式等具体法律适用问题，着力解决群众反映强烈的补偿标准过低、补偿不到位、行政权力滥用等突出问题。对于审判执行工作中的重大问题，要及时向当地党委汇报取得支持，加强与政府的沟通互动，积极探索创新社会管理方式，疏通行政争议化解渠道，努力实现保护人民群众合法权益与维护公共利益的有机统一，保障促进社会和谐稳定。

（4）规范司法行为，强化审判执行监督。各级人民法院在办理征收拆迁案件过程中，立案、审查、执行机构要注意加强沟通配合，创新工作机制，与国土资源部门共同研究解决办案中的重大疑难问题。对行政机关申请强制执行国有土地上房屋征收补偿决定（或拆迁裁决）的案件，要严格依照法释〔2012〕4号文件及最高人民法院相关通知精神办理，严把立案、审查、执行关，切实体现“裁执分离”的原则，不得与地方政府搞联合执行、委托执行。要依法受理被执行人及利害关系人因行政机关强制执行过程中具体行政行为违法而提起的行政诉讼或行政赔偿诉讼；对申请先予执行的案件，原则上不予准许；凡由人民法院强制执行的，须报经上一级人民法院审查批准方可采取强制手段；对涉及面广、社会影响大、社会关注度高的案件，上级人民法院应当加强监督指导，防范和制止下级人民法院强制执行中的违法行为和危害社会稳定的情形发生。

（5）建立完善信息和舆情报告制度。凡在办案中出现影响社会稳定重大隐患或事件的，有关人民法院必须立即向当地党委和上级人民法院如实报告有关情况，做到信息准确、反应迅速。上下级人民法院要畅通信息沟通渠道，随时掌握相关重要舆情动态，及时调查了解事实真相并采取应对措施，回应社会关切。要严格执行重大信息报告制度，对隐瞒不报、歪曲事实、造成严重负面影响的，严肃追究有关领导和直接责任人员的责任，并且予以曝光通报。

256. 被拆迁人拥有哪些权利？

答：房屋拆迁工作是推动城市建设、社会经济发展，改善城市环境和居住条件不可或缺之举，相当数量的被拆迁人不同程度地以牺牲自己的利益为代价赢得了城市的大发展，被拆迁人权利被侵害的根源就在于法律法规赋予被拆迁人的权利未得到保障。被拆迁人要维护自己的合法权益，首先要知道其房屋在被拆迁中自己拥有哪些合法权益，才能准确判断自己的合法权益是否被侵害。

（1）搬出被拆迁房屋前的正常生活、财产权。依照2004年修正的《宪法》第十三条第一款、第三十七条、第三十九条和《民法通则》第三条的规定，被拆迁人拥有人身、财产不受非法侵害的权利。鉴于拆迁双方之间通过合同构成一种平等主体关系，因此在被拆迁人搬出被拆迁房屋前，拆迁人无权妨碍、干扰、侵害被拆迁人的正常生活和财产权。

（2）拆迁相关事项的知情权。依照国务院令第590号第十条第二款、第十一条、第二十六条，被拆迁人拥有对房屋征收补偿方案论证和征求公众意见情况、补偿规定的知情权、话语权。房屋征收拆迁主管部门、拆迁人有义务向被拆迁人及时公布并做好宣传、解释工作。

（3）相关事项陈述意见、听证权。依照《城市房屋拆迁管理条例》第十三条、国务院令第590号第十一条第二款、2003年12月30日《城市房屋拆迁行政裁决工作规程》（以下简称建住房〔2003〕252号文件）第七条的规定，被拆迁人对补偿方式和补偿金额、安置用房面积和安置地点、搬迁期限、搬迁过渡方式和过渡期限等事项，拥有陈述意见的权利。因旧城区改建需要征收房屋，多数被征收人认为征收补偿方案不符合本条例规定的，或者未达成拆迁补偿安置协议户数较多、比例较高的，市、县级人民政府应当组织由被征收人和公众代表参加的听证会，并且根据听证会情况修改方案。

（4）被拆迁人依法拥有拆迁补偿方式选择权。有关法律救济及相关拒绝权依照国务院令第 590 号第二十一条的规定，被拆迁人可以选择货币补偿，也可以选择房屋产权调换。

（5）获得搬迁补助费或周转用房、停产停业补偿权。依照《城市房屋拆迁管理条例》第三十一条、第三十二条、第三十三条和国务院令第 590 号第二十二条、第二十三条的规定，因征收房屋造成搬迁的，房屋征收部门应当向被征收人或房屋承租人支付搬迁补助费。选择房屋产权调换的，产权调换房屋交付前，房屋征收部门应当向被征收人支付临时安置费或提供周转用房。在过渡期内，被拆迁人或房屋承租人自行安排住所的，拆迁人应当支付临时安置补助费；被拆迁人或房屋承租人使用拆迁人提供的周转房的，拆迁人不支付临时安置补助费。因拆迁人的责任延长过渡期限的，对自行安排住处的被拆迁人或房屋承租人，应当自逾期之月起增加临时安置补助费；对周转房的使用人，应当自逾期之月起给付临时安置补助费。因拆迁非住宅房屋造成停产、停业的，拆迁人应当给予适当补偿。

（6）法律救济权。一是举报权。依照国务院令第 590 号第七条的规定，任何组织和个人对违反本条例规定的行为，都有权向有关人民政府、房屋征收和其他有关部门举报。二是行政复议、诉讼权。依照国务院令第 590 号第十四条的规定，对市、县级人民政府做出的房屋征收决定不服的，可以依法申请行政复议，也可以依法提起行政诉讼。三是复核、评估、鉴定申请权。依照国务院令第 590 号第十九条第二款的规定，对评估确定的被征收房屋价值有异议，可以向房地产价格评估机构申请复核评估。对复核结果有异议，可以向房地产价格评估专家委员会申请鉴定。四是对对方不履行补偿协议约定义务的诉讼权。依照国务院令第 590 号第二十五条第二款的规定，补偿协议订立后，一方当事人不履行补偿协议约定的义务的，另一方当事人可以依法提起诉讼。五是申请裁决、起诉权。依照建住房〔2003〕252 号文件第二条、第三条、第十六条的规定，就搬迁期限、补偿方式、补偿标准及搬迁过渡方式、过渡期限等达不成协议的，房屋拆迁管理部门及其工作人员应按相关法律法规履行行政裁决职责。当事人对裁决不服的，可以依法申请行政复议或向人民法院起诉。六是拒绝搬迁权。依照国务院令第 590 号第二十七条第一款的规定，实施房屋征收不先补偿的，被征收人可以拒绝搬迁。

257. 实施房屋拆迁不可逾越的法定程序有哪些?

答：房屋拆迁事关被拆迁人的切身利益，在当今城市化进程与城市改造中可说是一个沉重的话题，纠纷高发不单是因实体上不公平，更多的是因程序上的瑕疵而引起，直接威胁到社会稳定。为切实维护被拆迁人的合法权益，透明拆迁、阳光拆迁、人性化拆迁，还原被拆迁人应有的知情权、话语权，变当事人对立为配合、支持，有效避免或减少矛盾激化，国家对实施拆迁工程设定了严格的不可逾越的法定程序。

（1）征收决定和拆迁许可制度。依照国务院令第 590 号第八条、第三十五条的规定，为了保障国家安全、促进国民经济和社会发展等公共利益的需要，有下列情形之一，确需征收房屋的，由市、县级人民政府做出房屋征收决定：国防和外交的需要；由政府组织实施的能源、交通、水利等基础设施建设的需要；由政府组织实施的科技、教育、文化、卫生、体育、环境和资源保护、防灾减灾、文物保护、社会福利、市政公用等公共事业的需要；由政府组织实施的保障性安居工程建设的需要；由政府依照城乡规划法有关规定组织实施的对危房集中、基础设施落后等地段进行旧城区改建的需要；法律、行政法规规定的其他公共利益的需要。

（2）事先公告制度。依照国务院令第 590 号第十三条的规定，市、县级人民政府做出房屋征收决定后应当及时公告。公告应当载明征收补偿方案和行政复议、行政诉讼权利等事项。市、县级人民政府及房屋征收部门应当做好房屋征收与补偿的宣传、解释工作。

（3）房屋估价制度。依照国务院令第590号第十九条的规定，对被征收房屋价值的补偿，不得低于房屋征收决定公告之日被征收房屋类似房地产的市场价格。被征收房屋的价值，由具有相应资质的房地产价格评估机构按照房屋征收评估办法评估确定。对评估确定的被征收房屋价值有异议的，可以向房地产价格评估机构申请复核评估。对复核结果有异议的，可以向房地产价格评估专家委员会申请鉴定。

（4）拆迁委托及限制制度。依照国务院令第590号第五条的规定，房屋征收部门可以委托房屋征收实施单位承担房屋征收与补偿的具体工作。房屋征收实施单位不得以营利为目的。

（5）拆迁前必签的补偿安置协议制度。拆迁相关事项公告后，依照国务院令第590号第二十五条的规定，房屋征收部门与被征收人依照本条例的规定，就补偿方式、补偿金额和支付期限、用于产权调换房屋的地点和面积、搬迁费、临时安置费或周转用房、停产停业损失、搬迁期限、过渡方式和过渡期限等事项，订立补偿协议。

（6）一方当事人不履行协议另一方起诉制度。依照国务院令第590号第二十五条第二款的规定，补偿协议订立后，一方当事人不履行协议约定的义务的，另一方当事人可以依法提起诉讼。

（7）实施房屋征收不先补偿拒绝搬迁制度。国务院令第590号第二十七条“实施房屋征收应当先补偿、后搬迁”的规定，是行政规章的强制性规定，必须遵守，不可讨价还价。通过确立先补偿、后搬迁的原则，保障被征收人获得充分补偿，有效遏制不补偿就强行拆迁的违法征收行为。征收是政府强制性要求被征收人让渡物权，实现公共利益的行为。强制性是征收的突出特征，也是征收与拆迁行为的主要区别。征收应该是以被征收人充分收到补偿为前提，对社会稳定和防止矛盾激化具有重要意义。

（8）达不成协议户数较多或比例较高必不可少的听证程序制度。依照建住房〔2003〕252号文件第七条的规定，未达成拆迁补偿安置协议户数较多或比例较高的，房屋拆迁管理部门在受理裁决申请前，应当进行听证。具体标准、程序由省、自治区、直辖市人民政府房屋拆迁管理部门规定。

（9）拆迁人对被拆迁人拒绝搬迁行为可行使的解决渠道制度。依照国务院令第590号第二十八条的规定，拆迁补偿安置协议签订后，被征收人在法定期限内不申请行政复议或不提起行政诉讼，在补偿决定规定的期限内又不搬迁的，由做出房屋征收决定的市、县级人民政府依法申请人民法院强制执行。

（10）司法行政裁决前置程序制度。依照《城市房屋拆迁管理条例》第十六条第一款的规定，拆迁人与被拆迁人或与房屋承租人达不成拆迁补偿安置协议的，经当事人申请，由房屋拆迁管理部门裁决。房屋拆迁管理部门是被拆迁人的，由同级人民政府裁决。裁决应当自收到申请之日起30天内做出。

（11）对裁决不服的复议诉讼制度。依照国务院令第590号第十四条、第二十六条的规定，被征收人对市、县级人民政府做出的房屋征收决定不服的，可以依法申请行政复议，也可以依法提起行政诉讼。

（12）搬迁补助、补偿费制度。依照国务院令第590号第二十二条、第二十三条的规定，因征收房屋造成搬迁的，房屋征收部门应当向被征收人支付搬迁费。对因征收房屋造成停产停业损失的补偿，根据房屋被征收前的效益、停产停业期限等因素确定。具体办法由省、自治区、直辖市制定。

258. 拆迁范围确定后，对拆迁范围内的单位和个人在拆迁范围内的行为有哪些禁止性规定?

答：依照国务院令第590号第十六条的规定，拆迁范围确定后，拆迁范围内的单位和个人不得进行下列活动：

（1）新建、扩建、改建房屋。

（2）改变房屋用途等不当增加补偿费用的行为。

房屋拆迁管理部门应当就前款所列事项，书面通知有关部门暂停办理相关手续。暂停办理的书面通知应当载明暂停期限。暂停期限最长不得超过1年。拆迁人需要延长暂停期限的，必须经房屋拆迁管理部门批准，延长暂停期限不得超过1年。

259. 对拆迁补偿方式，拆迁人确定只给予货币补偿的效力如何认定?

答：依照国务院令第590号第二十一条的规定，被征收人可以选择货币补偿，也可以选择房屋产权调换。除法定拆迁人应当对被拆迁人实行房屋产权调换外，规章赋予了被拆迁人对货币补偿、产权调换补偿方式的选择权。上述拆迁人非法定情形下确定单一的货币补偿方式，显然剥夺了被拆迁人对补偿方式的法定选择权，依照《民法通则》第五十八条第五项的规定，属于无效行为。

260. 拆迁人如何向被拆迁人支付拆迁和临时安置补助费?

答：依照国务院令第590号第二十二条的规定，因征收房屋造成搬迁的，房屋征收部门应当向被征收人支付搬迁费；选择房屋产权调换的，产权调换房屋交付前，房屋征收部门应当向被征收人支付临时安置费或提供周转用房。具体办法，国务院令第590号授权各省、自治区、直辖市制定。

261. 河北省人民政府对征收房屋补偿做出了哪些规定?

答：河北省人民政府以规章形式颁布、2002年11月1日起施行的《河北省城市房屋拆迁管理实施办法》（以下简称河北省人民政府〔2002〕第17号令）和2012年8月1日起施行的《河北省国有土地上房屋征收与补偿实施办法》（以下简称河北省人民政府〔2012〕第2号令），对房屋征收补偿安置相关问题做出了具体规范。

其一，就有关补偿协议的签署，根据河北省人民政府〔2012〕第2号令第二十条、河北省人民政府〔2002〕第17号令第九条的规定，房屋征收部门与被征收人应当依法就补偿方式、补偿金额和支付期限、用于产权调换房屋的地点和面积、搬迁费、临时安置补偿费或周转用房、停产停业损失、搬迁期限、过渡方式和过渡期限、违约责任、争议解决办法等事项订立补偿协议。补偿协议订立生效后，一方当事人不履行补偿协议约定义务的，另一方当事人可以依法提起诉讼。

其二，就补偿、搬迁之间的权利义务关系及不予补偿适当补偿的法定情形，根据河北省人民政府〔2012〕第2号令第二十一条、河北省人民政府〔2002〕第17号令第十四条的规定，拆迁人应当依法对被拆迁人给予补偿。拆除违章建筑和超过批准期限的临时建筑，不予补偿。拆除未超过批准期限的临时建筑，根据重置价格和剩余期限给予适当补偿。实施房屋征收应当先补偿、后搬迁。做出房屋征收决定的设区的市、县（市、区）人民政府对被征收人给予补偿后，被征收人应当在补偿协议约定或补偿决定确定的搬迁期限内完成搬迁。任何单位和个人不得采取暴力、威胁或违反规定中断供水、供热、供气、供电和道路通行等非法方式迫使被征收人搬迁。禁止建设单位参与搬迁活动。

其三，就房屋内装饰价值、设备、物资、搬迁、停业损失补偿相关事宜，根据河北省人民政府〔2012〕第2号令第十二条、第十四条和河北省人民政府〔2002〕第17号令第二十七条的规定，被征收房屋室内装饰装修价值，机器设备、物资等搬迁费用，以及停产停业损失等补偿，由房屋征收当事人协商确定；协商不成的，房屋征收部门、被征收人、承租人等当事人可以委托具有相应资质的评估机构评估确定。因征收房屋造成停产停业损失的补偿，按征收房屋造成的实际财产损失进行补偿。计算因征收房屋造成的停产停业损失，应当根据纳税情况、经营规模、停产停业期限等因素确定。

征收房屋造成的停产停业的，应当给停产停业的职工发放生活补助费。停产停业的职工月生活补助费，按当地社会平均工资标准计算；其停产停业职工数量以生产经营者在征收决定发布前12个月缴纳社会保险的月平均人数计算；发放停产停业生活补助费期限按6个月计算。

征收非住宅用房，被征收人选择货币补偿的，被征收房屋的临时安置补偿费按6个月计算；被征收人选择产权调换的，被征收房屋的临时安置补偿费按实际期限计算。

拆迁人对被拆迁人或被拆迁租赁房屋的承租人应当支付搬迁补助费。被拆迁人或租赁房屋的承租人自行安排住处的，拆迁人应当支付临时安置补助费。搬迁补助费和临时安置补助费的具体标准，由设区的市和县（市）人民政府规定。

其四，给予被征收人停产停业损失补偿，应当符合的法定条件：根据河北省人民政府〔2012〕第2号令第十三条的规定，被征收房屋具有房屋权属证明或经有关部门认定为合法建筑；被征收房屋为非住宅用房；有合法、有效的营业执照或其他相关生产经营行政许可手续，而且营业执照或其相关生产经营行政许可手续上载明的住所（营业场所）为被征收房屋；已办理税务登记并具有纳税凭证。

其五，就生产经营者依法承租且合同未到期房屋被征收的补偿问题，根据河北省人民政府〔2012〕第2号令第十五条的规定，其停产停业损失补偿费应当依照生产经营者与被征收人的约定分配；无约定的，房屋征收部门可将生产经营者的停产停业损失直接补偿给生产经营者。

其六，就征收符合城镇住房保障条件、低收入家庭个人住宅的补偿，根据河北省人民政府〔2012〕第2号令第十六条的规定，征收个人住宅，被征收人符合城镇住房保障条件的，做出房屋征收决定的设区的市、县（市、区）人民政府应当按下列原则优先给予住房保障：

一是实行货币补偿的，属于低收入家庭且住房总建筑面积不足30平方米的，按30平方米予以补偿，补偿后仍符合条件的，优先予以住房保障；二是实行产权调换的，依据房地产市场评估价格确定被征收住房的补偿价格，再调换住房，但调换后的住房总建筑面积不得小于30平方米，属于低收入家庭且住房总建筑面积不足30平方米的，调换后的住房30平方米以内部分，被征收人不需支付房款，超过部分被征收人按房地产市场价格结清差价。对难以支付差价款的低收入家庭，其所调换的住房可以与设区的市、县（市、区）人民政府按一定比例共有，被征收人应当就保障标准内非自有产权的部分向产权人支付廉租住房租金。被征收人在具备支付能力且愿意购买时，可以按再次购买时的市场价格购买。

其七，征收依照城镇住房制度改革政策确定的标准价格出售的住宅的补偿问题，根据河北省人民政府〔2012〕第2号令第十七条的规定，征收上述住宅时，售房单位和购房人应当共同作为被征收人，被征收人要求实行货币补偿的，房屋征收部门应当根据房屋所有权证书载明的产权比例分别给予补偿；被征收人要求实行产权调换的，在对用于安置的房屋进行产权登记时，应当注明产权比例。

其八，由于拆迁人责任致使被拆迁人或房屋承租人过渡期限延长问题的处理，根据河北省人民政府〔2002〕第17号令第二十九条的规定，一是被拆迁人或承租人自行或由其所在单位安排住处的，从逾期之月起，以设区的市、县（市）人民政府规定的临时安置补助费标准为基数，增加临时安置补助费，逾期不满半年的增加百分之二十五，逾期满半年不满一年的增加百分之五十，逾期满一年不满二年的增加百分之七十五，逾期满二年以上的增加百分之百；二是被拆迁人或房屋承租人使用由拆迁人提供的周转房的，从逾期之月起，以设区的市、县（市）人民政府规定的临时安置补助费标准为基数，付给临时安置补助费，逾期不满一年的付给百分之二十五，逾期满一年不满二年的付给百分之五十，逾期满二年以上的付给百分之七十五。

262. 对征收国有土地上房屋安置和棚户区改造安置，河北省人民政府有哪些规定？

答：河北省人民政府以规章形式就此问题除颁布 261 题中列明的法律文件外，另有 2015 年 10 月 13 日实行的《河北省城镇棚户区改造货币化安置管理办法》（以下简称冀政办字〔2015〕128 号文件），对城市房屋征收补偿安置棚户区改造安置相关问题做出了具体规定。

其一，就选择房屋产权调换事宜，根据河北省人民政府〔2012〕第 2 号令第十一条规定，被征收人选择房屋产权调换的，设区的市、县（市、区）人民政府应当提供用于产权调换的房屋，并且与被征收人计算、结清被征收房屋价值与用于产权调换房屋价值的差价。因旧城区改建征收个人住宅，被征收人选择在改建地段进行房屋产权调换的，做出房屋征收决定的设区的市、县（市、区）人民政府应当提供改建地段或就近地段的房屋。

其二，就征收依照相关政策允许或不允许出售的公有住房涉及产权人、承租人安置问题，根据河北省人民政府〔2012〕第 2 号令第十八条规定，征收依照城镇住房制度改革政策允许出售的公有住房，承租人可以按城镇住房制度改革政策规定购买住房后，再与房屋征收部门签订补偿安置协议；对依照城镇住房制度改革政策不允许出售的住房，对产权人实行房屋产权调换，由承租人继续承租，产权人与承租人应当按补偿安置方案重新订立房屋租赁合同。

其三，就安置房规划、建设及提供相关事宜，根据河北省人民政府〔2012〕第2号令第十九条、河北省人民政府〔2002〕第17号令第二十六条的规定，应当以房屋征收补偿安置方案为基础，充分考虑被征收人和房屋征收部门的意见。

房屋征收部门提供已经使用过的房屋安置被征收人的，其房屋的质量应当优于被拆迁房屋的质量，符合国务院住房城乡建设主管部门规定的基本完好房屋标准，并且具备供水、供热和供电等基本生活条件。

其四，就安置过渡期问题，根据河北省人民政府〔2002〕第17号令第二十八条的规定，对被拆迁人或被拆迁房屋的承租人的安置用房不能一次解决的，可以采取过渡方式，但应当在拆迁补偿安置协议中约定过渡期限。过渡期限一般为一年，最长不得超过二年。其五，就由于拆迁人责任延长过渡期处理问题，根据河北省人民政府〔2002〕第17号令第二十九条的规定，以法定安置补助费为标准，根据延长期限长短，增加不同比例数额的补助费。详情参见261题的解答。

其六，关于城镇棚户区的定位问题，根据冀政办字〔2015〕128号文件第二条规定，本办法所称城镇棚户区（以下简称棚户区）包括城市棚户区、国有工矿棚户区、国有林业棚户区（危旧房）和国有垦区危房。城中村和城市危房改造纳入城市棚户区改造范围。其七，就货币化安置方式问题，根据冀政办字〔2015〕128号文件第五条规定，货币化安置方式包括政府组织棚户区改造居民自主购买安置房、政府购买存量商品房源作为安置房和货币补偿三种方式。

政府组织棚户区改造居民自主购买安置房，是指在尊重棚户区改造居民自愿的前提下，政府组织有购房需求的棚户区改造居民，通过政府搭建的服务平台自主购买存量商品房作为安置房，满足其个性化的住房需求。

政府购买存量商品房源作为安置房，是指政府通过集中采购方式，购买存量商品房用于安置棚户区改造居民。

货币补偿，是指以货币形式一次性补偿棚户区改造居民。

其八，关于安置房的类型问题，根据冀政办字〔2015〕128号文件第六条规定，棚户区改造安置房房源可以是户型合适的存量商品房，包括已经依法取得商品房预售许可证的期房和取得房屋所有权证的现房。

其九，关于设区的市、县（市）政府对棚户区改造居民给予的补偿内容，根据冀政办字〔2015〕128号文件第七条规定，包括被征收房屋价值的补偿；因征收房屋造成的搬迁、临时安置补偿；因征收房屋造成的停产停业损失的补偿。

设区的市、县（市）政府可在此基础上，再给予一定比例的补助和奖励，具体标准由当地政府制定。

其十，关于城中村改造项目的补偿标准，根据冀政办字〔2015〕128号文件第八条规定，可参照国有土地上棚户区改造的补偿标准执行，或者由设区的市、县（市）政府结合当地实际制定。

263. 法律、法规对实施房屋征收拆迁活动中的程序有哪些强制性规定？

答：一是提前通知和见证程序。依照建住房〔2003〕252号文件第二十一条、第二十二条的规定，依据强制拆迁决定实施行政强制拆迁，房屋拆迁管理部门应当提前15日通知被拆迁人，并且认真做好宣传解释工作，动员被拆迁人自行搬迁。

行政强制拆迁应当严格依法进行。强制拆迁时，应当组织街道办事处（居委会）、被拆迁人单位代表到场作为强制拆迁证明人，并且由公证部门对被拆迁房屋及其屋内物品进行证据保全。

二是先补偿、后搬迁程序。依照国务院令第590号第二十七条第一款、河北省人民政府令〔2012〕第2号第二十一条第一款的规定，实施房屋征收应当先补偿、后搬迁。

三是禁止暴力拆迁程序。依照国务院令第590号第二十七条第三款、第三十一、第三十二条和建住房〔2003〕252号文件第二十三条、第二十四条的规定，任何单位和个人不得采取暴力、威胁或违反规定中断供水、供热、供气、供电和道路通行等非法方式迫使被征收人搬迁。禁止建设单位参与搬迁活动。违反规定造成损失的，依法承担赔偿责任；对直接负责的主管人员和其他直接责任人员构成犯罪的，依法追究刑事责任；尚不构成犯罪的，依法给予处分；构成违反治安管理行为的，依法给予治安管理处罚。

拆迁人、接受委托的拆迁单位在实施拆迁中采用恐吓、胁迫及停水、停电、停止供气、停止供热、阻碍道路通行等非法方式，迫使被拆迁人搬迁或擅自组织强制拆迁的，由所在市、县房屋拆迁管理部门责令停止拆迁，并且依法予以处罚；造成损失的，依法承担赔偿责任；对直接负责的主管人员和其他直接责任人员构成犯罪的，依法追究刑事责任；尚不构成犯罪的，依法给予处分；构成违反治安管理行为的，依法给予治安管理处罚。

房屋拆迁管理部门工作人员或行政强制拆迁执行人员违反《城市房屋拆迁行政裁决工作规程》的，由所在单位给予警告；造成错案的，按照有关规定追究错案责任；触犯刑律的，依法追究刑事责任。

264. 被拆迁人为满足要求而采取暴力、威胁等方法阻碍依法进行的房屋征收与补偿工作的过激行为，应否受到法律追究？

答：当事人不满意征收与补偿决定的程序、实体安置方案，完全可以行使法律赋予通过法律途径解决问题的正当权利，不必采取上述过激行为。之所以过激，原因在于上述行为有违法律规定，对过激行为后果要付出相应代价。依照国务院令第 590 号第三十二条的规定，采取暴力、威胁等方法阻碍依法进行的房屋征收与补偿工作，构成犯罪的，依法追究刑事责任；构成违反治安管理行为的，依法给予治安管理处罚。

265. 违章建筑是否一律拆除？

答：根据《土地管理法》第七十七条和《城市规划法》第三十三条、第四十条的规定，进行建设，严重影响城市规划的，由县级以上地方人民政府城市规划行政主管部门责令停止建设、限期拆除或没收违法建筑物、构筑物或其他设施。上述违法建筑虽属限期拆除之列，但《土地管理法》第七十六条、第八十一条，《城市规划法》第四十条，《建筑法》第六十四条，特别规定了一些区分对待不必强拆的法定补救措施，即对符合土地利用总体规划的，没收在非法占用的土地上新建的建筑物和其他设施，可以并处罚款；擅自将农民集体所有的土地的使用权出让、转让或出租用于非农业建设的，由县级以上人民政府土地行政管理部门责令限期改正，没收违法所得并处罚款；对违法建筑物、构筑物或其他设施，影响城市规划，尚可采取其他措施的，由县级以上地方人民政府城市规划行政主管部门责令限期改正并处罚款；对于未取得施工许可证或开工报告未经批准擅自施工的，责令改正；对于不符合开工条件的责令停止施工，可以处于罚款。在民事法律关系上，法无明文规定即许可，而在行政法律关系上是职权法定，即法无授权不得行使。但是，上述法律对违法建筑的拆除规定了区分对待、不必拆除的，只能采取没收、限期改正、责令停止施工、补办手续、处于罚款等，切忌以强制拆除的违法手段对付违章建设的违法行为，否则行政机关难辞其咎。即便可以实施拆除的违章建筑，在强拆违建的时间节点上同样有严格限制。在 2014 年 8 月 30 日最高人民法院发布的征收拆迁十大典型案例中明确要求，即使对违法建筑的强制拆除，也要严格遵循《行政强制法》的程序性规定，拆除之前应先通知相对人自行拆除，在当地张贴公告，而且不得在夜间拆除。

266. 实施房屋强拆的权利主体是谁？

答：依照《城市规划法》第四十二条、国务院令第590号第二十八条的规定，当事人对行政处罚、复议决定不服，逾期不申请复议，也不向人民法院起诉，又不履行处罚决定，在补偿决定规定的期限内还不搬迁的，由做出处罚决定的机关申请人民法院强制执行。依照《土地管理法实施条例》第三十六条规定，对在土地利用总体规划制定前已建的不符合土地利用总体规划确定的用途的建筑物、构筑物重建、扩建的，由县级以上人民政府土地行政主管部门责令限期拆除；逾期不拆除的，由做出处罚决定的机关依法申请人民法院强制执行。依照《行政强制法》第五十三条规定，当事人在法定期限内不申请行政复议或提起行政诉讼，又不履行行政决定的，没有行政强制执行权的行政机关可以自期限届满之日起3个月内，依照本章规定申请人民法院强制执行。依照法释〔2012〕4号文件第九条、法〔2012〕97号文件第二节第六目的规定，人民法院裁定准予执行的，一般由做出征收补偿决定的市、县人民政府组织实施，（人民法院认为自己有足够能力实施时——个别例外情况，也可以依照规定自行执行）以体现"裁执分离"的改革方向。从上述规定不难看出，法律已将强制执行（强拆）权赋予了人民法院，除了人民法院、法律个别授权的行政机关外，其他任何机关、集体和个人均无权行使。程序的价值就在于它保证实体法的正确实施，公民守法，首先政府要依法办事，保障行政管理的有效实施是以行政行为合法为前提。

267. 以违法手段强拆违法建筑该不该赔？如何赔？

答：所谓违法手段，主要指程序上的瑕疵。其表现在行政机关在做出强制执行决定前，强制执行决定不事先催告当事人履行自行拆除义务；催告书或执行决定不以书面形式做出，不载明规定的事项，不直接送达催告当事人。上述行为有违《行政强制法》第三十五条至第三十八条强制性规定的送达程序和剥夺了当事人的知情权、话语权、陈述申辩权。实施行政强制执行是在不损害公共利益和他人合法权益，能够通过与当事人达成协议解决问题的可能情况下，绕过协议渠道而强制拆除。强制拆除，本来应当由行政机关予以公告，限期当事人自行拆除；然而，不公告，有违《行政强制法》第四十二条、第四十四条的规定，导致当事人丧失了程序上的协商、实体上采取补救措施、自行拆除的机会和法律救济的权利；除情况紧急以外的夜间、节假日、趁人不备、特殊时间节点上的偷袭拆除和采取停止供水、供电、供热、供燃气等极端方式迫使当事人就范，完全背离了《行政强制法》第四十三条、第六十一条第一款第四项、第五项的禁止性规定。程序违法，必定带来实体权利的丧失，给当事人合法拥有的违章建筑物中建筑材料所有权构成损害，依照《行政诉讼法》）第二条、第十二条第十二项和《中华人民共和国国家赔偿法》（以下简称《国家赔偿法》）第二条、第四条第四项的规定，当事人有权向法院提起赔偿之诉。

应该如何赔？从法理上讲，一是鉴于强拆的虽属违章建筑，但是无法律根据否定当事人对建材所拥有的合法性；换言之，强拆行为的违法性不等同当事人建材的非法性，二者之间不具关联性。二是当事人付出的施工费是基于非法建筑目的，当事人对被拆除的违法建筑损害的发生也有过错，依照《民法通则》第一百三十一条的规定，其人工费不受法律保护，可以减轻拆迁人因强拆造成的损害责任。为平衡法律责任，根据违建一方的损失性质，同时结合拆迁方的违法性，专家、法官、学者的主流观点和各地司法判例认为对具有完全违法性质的人工费损失由违章建筑方自行承担；与违章建筑无直接关系的建筑材料费损失属拆除方拆除违法建筑行为所致，应由拆除方承担，以体现法律与社会效果的统一。

268. **谁才是认定城市拆迁范围内房屋是否属违章建筑的职权主体?**

答：根据《城市规划法》第九条第二款、第四十条、第三十条和《建筑法》第七条第一款的规定，任何单位和个人在城市规划区内进行房屋及其附属物建设，除国务院建设行政主管部门确定的限额以下的小额工程，按照国务院规定的权限和程序批准开工的建筑工程不需再领取许可证外，必须取得城市规划主管部门及城市建设行政主管部门签发的一书两证，即《建设项目选址意见书》《建设用地规划许可证》和《建设工程规划施工许可证》。没有取得一书两证或未按规划许可进行建设，严重影响城市规划，均属违章建筑。基于县级地方人民政府城市规划行政主管部门主管本行政区域内的城市规划工作，因此对已建成的房屋及其附属物，该城市规划行政主管部门实施责令停止建设、限期拆除或没收违法建筑物、构筑物或其他设施；影响城市规划，尚可采取改正措施的，由该城市规划行政主管部门责令限期改正并处罚款，待补办有关手续后可认定为合法建筑。从以上规定不难看出，城市规划行政主管部门是认定城市拆迁范围内房屋是否违章建筑的职权主体。除此，拆迁主管部门、拆迁人及其他任何部门、单位或个人都无权做出认定。

第五篇

历史房地产纠纷的处理

第十二章　政策基本原则

269. 党中央、国务院对处理房地产历史案件做出过怎样的顶层设计?

答:（1）1956 年 1 月 18 日，中央批转中央书记处第二办公室《关于目前城市私有房产基本情况及进行社会主义改造的意见》，指出对城市房屋私人占有制的社会主义改造，必须同国家的社会主义建设和国家对资本主义工商业的社会主义改造相适应。这是完成城市全面的社会主义改造的一个组成部分。各级城市党委必须予以重视。对城市房屋私人占有制的社会主义改造，基本上应当按照党对资本主义工商业的社会主义改造的政策的原则进行。对城市私人房屋通过采用国家经租、公私合营等方式，对城市房屋占有者用类似赎买的办法，即在一定时期内给予固定的租金来逐步地改变他们的所有制，同时对依靠房租作为全部或主要生活来源的房东和二房东进行逐步的教育和改造，将他们由剥削者改造成为自食其力的劳动者。在当前城市社会改造的高潮中，争取在一两年内完成这一任务，这是完全可以做到的。

1955 年 12 以 16 日，中央书记处第二办公室《关于目前城市私有房产基本情况及进行社会主义改造的意见》讲道：对私有房产的社会主义改造，总的要求是加强国家控制，首先使私有房产出租完全服从国家政策，进而逐步改变其所有制。要和对待私营工商业的改造一样，根据“全面规划，加强领导”的方针，采取先大后小、先集中后分散、先试点后推广的步骤，在一两年内完成对私有房产的社会主义改造。

(2) 1964 年 1 月 13 日，《国务院批转国家房产管理局关于私有出租房屋社会主义改造问题的报告》(国房字〔1964〕第 22 号)，规定对私有出租房屋进行社会主义改造是我国社会主义革命的一部分。同时，私房管理工作与广大人民的生活密切相关。因此，做好对私有出租房屋社会主义改造和私房管理工作，是当前城市工作中的一项重要任务。实际工作中存在的问题很多，也很复杂，望各地组织一定的力量，进行调查研究和试点工作，有计划地、分期分批地加以解决，以巩固私房改造工作的成果，加强对私房的维修和管理工作，充分利用这一笔巨大的社会财富，为社会主义建设服务。

(3) 1983 年 12 月 17 日国务院发布《城市私有房屋管理条例》(已废止)。该条例分为总则、所有权登记、买卖、租赁、代管、附则六章共二十八条。

(4) 1984 年 12 月 24 日，《中共中央办公厅、国务院办公厅转发〈关于加快落实华侨私房政策的意见〉的通知》(中办发〔1984〕44 号) 简要内容如下：

党的十一届三中全会以来，各地在落实华侨私房政策方面，做了大量的工作，多数地方已经基本清退十年内乱期间挤占、没收的华侨私房。但对土地改革中没收、征收和私房社会主义改造中错改造的华侨私房及代管的华侨私房，长期没有归还。对此，归侨、侨眷和海外侨胞反映十分强烈。

各级领导必须认识到，落实华侨私房政策，对于保护华侨的合法权益，激发他们的爱国热情，促进四化建设和实现祖国统一大业具有重要意义。为了尽快落实华侨私房政策，提出以下处理意见：

第一，在土地改革中，农村和城镇没收、征收的华侨私房，一律退还华侨房主。

第二，在私房社会主义改造时错改造的华侨私房，包括原自住房、改造起点以下的出租房、不属镇建制的集镇的出租房、经机关团体动员出租和借用的房屋，所收房租用于公益事业的房屋、中华人民共和国成立后用侨汇构建的房屋被错改造的，应一律撤销改造。改造起点以上的出租房屋，一律不再改造。

第三，代管华侨私房（含当时去台人员，后转为海外侨胞的房产），参照国务院批转城乡建设环境保护部《关于对国民党军政人员出走弃留的代管房产处理意见的通知》（国发〔1983〕139号）和本意见的有关规定办理。

第四，上述落实华侨私房政策的各项规定，适用于处理当时系港澳同胞、外籍华人的私房。

第五，腾退华侨私房所需经费，按谁占用谁退还的原则，根据隶属关系分别由各单位解决。

第六，为了加快落实华侨私房政策，要做好的工作：统一思想；加强领导；摸清情况，制定方案，督促落实。

(5) 2016年11月4日，《中共中央国务院关于完善产权保护制度依法保护产权的意见》第四节规定："妥善处理历史形成的产权案件。坚持有错必纠，抓紧甄别纠正一批社会反映强烈的产权纠纷申诉案件，剖析一批侵害产权的案例。对涉及重大财产处置的产权纠纷申诉案件、民营企业和投资人违法申诉案件依法甄别，确属事实不清、证据不足、适用法律错误的错案冤案，要依法予以纠正并赔偿当事人的损失。完善办案质量终身负责制和错案责任倒查问责制，从源头上有效预防错案冤案的发生。严格遵循法不溯及既往、罪刑法定、在新旧法之间从旧兼从轻等原则，以发展眼光客观看待和依法妥善处理改革开放以来各类企业特别是民营企业经营过程中存在的不规范问题。

除此之外，意见还对严格规范涉案财产处置的法律程序、审慎把握处理产权和经济纠纷的司法政策、完善政府守信践诺机制、完善财产征收征用制度、加大知识产权保护力度、健全增加城乡居民财产性收入的各项制度、营造全社会重视和支持产权保护的良好环境等诸方面做出具体顶层设计。

270. 国家部委对进一步处理好城镇私房遗留问题做出过怎样的规定?

答:(1) 1985 年 2 月 16 日,《城乡建设环境保护部印发〈关于城市私有出租房屋社会主义改造遗留问题的处理意见〉的通知》[(1985) 城住字 87 号] 提出:

过去凡是符合国家和省、自治区、直辖市人民政府的政策规定,已经纳入社会主义改造的私有出租房屋,一律属于国家所有,由房管部门统一经营管理。

凡是不符合国家和省、自治区、直辖市人民政府的政策规定而错改了的房屋(包括自住房和不够改造起点的出租房屋被改造的,)应按政策实事求是地给予纠正。

纳入社会主义改造的私有出租房屋的定租,从当地私房改造之日起发放到 1966 年 9 月底。凡是在 1961 年 9 月以后纳入改造的私有出租房屋,未发定租或发放时间不足 5 年的,一般按 5 年计算,予以补发或补足。

在私房改造时,按照当时人口和实际情况,已留过自住房的不再补留。房主原住本地应留而未留自住房的,可按当时人口和参照当地住房的一般水平,补留自住房。房主当时在外地未留自住房的,在省、自治区、直辖市人民政府已经明确房屋产权属于国家所有以后迁回本地的,不再补留,其住房确有困难的,可由所在单位或房管部门安排解决。

"文革"前开始私房改造工作,"文革"中继续进行的城市,凡符合改造起点的,应按私房改造政策办理。"文革"前已进行私房改造的城市，“文革”中被接管的属于当时符合改造条件而漏改的私有房屋，原则上要补办改造手续。

代管房产中属于改造起点以上的原出租房，原则上按 1964 年国房字 21 号文件精神办理。对于中央和国务院明确的对祖国统一大业有重大贡献的人员，本人要求发还的，由省、自治区、直辖市人民政府审定。

对私房社会主义改造中错改的华侨房屋的处理，按《中共中央办公厅、国务院办公厅转发〈关于加快落实华侨私房政策的意见〉的通知》（中办发〔1984〕44 号）有关规定办理。

鉴于过去没有进行过私房改造的县镇，私房情况发生了很大变化，超过改造起点的已不多，又考虑到党的工作重点的转移，所以规定今后不再进行改造。

按照上述各项规定，需要退还的改造房产，应根据不同情况妥善处理。明确了原属自住的房屋；原属出租的房屋；因国家建设需要，原房已被拆除；因台风、洪水、地震等自然灾害致使房屋倒塌的；应退回的改造房产，在国家经租期间发生的经济收支；处理私房遗留问题所需的房源和资金等 6 个方面不同情况下的具体处理意见。

处理私改遗留问题，涉及面广，政策性强，加之年代较远，情况比较复杂。因此，各级人民政府要重视起来，加强领导，组织房管、财税、侨办、司法等部门参加，共同做好这一工作。各级应在认真搞好调查研究、摸清情况的基础上，从实际出发，制定处理私改遗留问题的具体规划和措施，积极主动，有计划、有步骤地妥善处理好这一历史遗留问题。对于广大群众，尤其是原房主要做好深入细致的思想工作，教育他们要顾全大局，体谅国家困难，积极配合政府做好这一工作。凡是因处理私改遗留问题，需要解决职工住房的单位及其上级主管部门，应积极主动地把职工的住房安排好。

在本文下达之前，如省、自治区、直辖市人民政府已做出规定进行处理，又基本符合上述原则规定的，不再变动。

本文后附《〈关于城市私有出租房屋社会主义改造遗留问题的处理意见〉的说明》，内容主要包括关于已纳入改造的私房产权属于国家所有的问题；关于不符合国家和省、自治区、直辖市人民政府的政策规定而错改了的房屋问题；关于发定租问题；关于补留自住房问题；关于代管房产中属于改造起点以上的原出租房屋问题。

（2）1987 年 10 月 28 日，《城乡建设环境保护部关于进一步处理好城镇私房遗留问题的通知》［（1987）城房字第 575 号］的相关规定如下：

第一，继续抓好“文革产”的清退收尾工作。

“文革”中没收、挤占的私房，在确认原产权人的所有权以后，如产权人不在房屋所在地居住或另有房屋，经协商同意可对原房作价收购。对发还产权的房屋，由房主和住户续租订约，并参照当地现行私房租金标准，议定房租，超过原租金部分，按中办发〔1986〕6 号文件规定，由住户所在单位补贴。协商有争议的，由当地房管机关调解或仲裁解决。对需退使用权的房屋，首先是解决原自住房被挤占、产权人无房居住的问题。其余自住房经和房主协商同意，可转办租赁关系或作价收购。

对无法发还的少量“文革产”要逐户结案、逐户建档，写明存在的问题，力争做到：将来房主随时交验证件（或办请手续），即随时处理。其中，属于产权人下落不明又无合法代理人或使用权不清楚的私房，可按《城市私有房屋管理条例》第 24 条的规定，由房屋所在地房管机关代管；房屋所有人已死亡，又无合法继承人的私房，可按《民事诉讼法》（试行）第 114 条的规定，由当地房管机关提出申请，送人民法院依法认定后收归公有。

第二，巩固私房改造成果，妥善处理遗留问题。

私房改造是城市社会主义改造的一个重要组成部分，是正确的、必要的。因此，处理私房改造遗留问题，必须从维护巩固私改成果出发，贯彻实事求是的原则，实行改对的不动，改错的撤销。

各城市在处理私改遗留问题时，应依据1964年国务院批转国家房管局《关于私有出租房屋社会主义改造的报告》及说明并参照我部印发的（85）城住字87号《关于城市私有房屋社会主义改造遗留问题的处理意见》办理。凡是符合国家和省、自治区、直辖市人民政府的原政策规定（含“两个”无起点改造），已纳入社会主义改造的私有出租房，根据中发（66）507号文件的规定精神，其所有权属国家所有，由房管部门统一经营管理，对不符合国家和省、自治区、直辖市人民政府的政策规定而确系错改了的，应撤销改造。原来文件没有规定的，不要开新口子，已开的要自行纠正。

对原出租房撤销改造后，经协商同意可采取不退产权而用收购的办法解决，对退使用权问题，主要解决：原自住房被错改，现无房居住；私改时房主住本地、没有留房、房屋收归国有前已迁回、现无房居住的一些人的住房问题。其余自住房，可转办租赁关系或作价收购。其他问题，由各地根据实际情况，自行决定。

第三，区别情况、分别处理代管房产。

中办发［1987］7号文件规定：“处理国民党军政人员出走弃留的代管房问题，主要是解决回来定居的一些人的住房问题，少数知名爱国人士回国定居可尽量安排原房居住，但不作为代管房发还。”各地在执行过程中，对安排给其居住的原自住房屋，可以由住用人自管自修，也可以由房管部门按规定收租并负责维修。

由于无人管理、无合法代理人或契证不全，产权不能确立等原因，有关部门过去依照法令公告定期代管，逾期无人认领收归公有的房产，原则上已属于国家所有。但如产权人当时在国外或在港澳地区已取得华侨、港澳同胞身份证，确未看到公告，要求发还的，可按“7 号文件”的有关规定办理。其余的不再变动。

对中华人民共和国成立初期代管、接管的其他私人房产（不含华侨代管房），不属于落实政策范围，现在不予处理。

对原拨给单位使用的代管房产，应由房管部门统一经营管理。如需继续使用，要建立租赁关系，按规定缴纳房租。

对代管房产，管理单位要做好维修保养工作，不要轻易拆除和改建。如国家建设特殊需要必须拆除的，应对房屋现状做出鉴定和估价，拆除单位应按有关规定给管理单位以补偿。

第四，因国家特殊需要不便发还原房屋或发还原房屋确有困难或因建设需要原房已征拆、改建而无法发还的，经当地人民政府批准，按“谁用谁补、谁拆谁补”的原则作价收购或按有关规定给予补偿。产权人无房居住的，由收购、征拆、改建或使用单位给予适当安排住房；安排的住房，可采取出售、出租的办法解决。

产权人在领回自住房时（包括退使用权的部分），原住的公房要同时交回。

因危房而淘汰了的私房，只补偿残值。因台风、洪水、地震等不可抗拒的原因而倒塌了的私房不补偿。

第五，发还的房屋，除“文革产”需结算租金（结算办法由各地自定）外，其余均不结算租金。对增添的建筑物及设施，由双方协商，按实际情况，合理处理。

第六，对具体案件的处理，也要做好衔接工作。

在“7 号文件”下达前，已按国家和省、自治区、直辖市人民政府有关落实私房政策的规定处理了的私房，不再变动。

“7 号文件”下达前，经产权人申请，主要证据齐全，并经房管部门审查属实，领导批已将处理意见告知产权人，产权人已同意处理的，在产权人交验全部证件、办清应办手续后，可按原规定政策办；但要限期在年底办完，逾期按新规定办。

本人虽已申请也交验了一些证件并已进行查证，但未将处理意见告诉本人或“7号文件”下达后才提出的，一律按“7号文件”和本通知办理。

第七，落实私房政策，处理私房遗留问题，牵涉面广，政策性强，情况复杂。各级建委和房管部门，一定要经常向当地党委和政府请示汇报，争取地方党政领导的重视和支持。同时要加强领导，加强政治思想工作，要教育职工，克服畏难、松劲情绪，克服“收兵”思想；要教育群众，体谅国家困难，顾全大局。要多做少说，不宣传，要根据中央文件，结合本地实际，制定规划和办法，善始善终地完成这项任务。

（3）〔1995〕国土籍字第26号文件（2010年12月3日已做修改）的第二条，规定土地所有权和使用权由县级以上人民政府确定，土地管理部门具体承办。土地权属争议，由土地管理部门提出具体处理意见，报人民政府下达处理决定或报人民政府批准后由土地管理部门下达处理决定。

第四条，依据1950年《中华人民共和国土地改革法》及有关规定，凡当时没有将土地所有权分配给农民的土地属于国家所有；实施1962年《农村人民公社工作条例修正草案》（以下简称《六十条》）未划入农民集体范围内的土地属于国家所有。

第七条，国有铁路线路、车站、货场用地及依法留用的其他铁路用地属于国家所有。土改时已分配给农民所有的原铁路用地和新建铁路两侧未经征用的农民集体所有土地属于农民集体所有。

第八条，县级以上（含县级）公路线路用地属于国家所有。公路两侧保护用地和公路其他用地，凡未经征收的农民集体所有土地，属于农民集体所有。

第九条，国家电力、通信设施用地属于国家所有。但国有电力通信杆塔占用农民集体所有的土地，未办理征收手续的，土地仍属于农民集体所有，对电力通信经营单位可确定为他项权利。

第十一条，河道堤防内的土地和堤防外的护堤地，无堤防河道历史最高洪水位或设计洪水位以下的土地，除土改时已经将所有权分配给农民，国家未征用，而且迄今仍归农民集体使用的外，属于国家所有。

第十四条，因国家建设征用土地，农民集体建制被撤销或其人口全部转为非农业人口，其未经征用的土地，归国家所有。继续使用原有土地的原农民集体及其成员享有国有土地使用权。

第十六条，1962 年 9 月《六十条》公布以前，全民所有制单位、城市集体所有制单位和集体所有制的华侨农场使用的原农民集体所有的土地（含合作化之前的个人土地），迄今没有退给农民集体的，属于国家所有。

《六十条》公布时起至 1982 年 5 月《国家建设征用土地条例》公布时止，全民所有制单位、城市集体所有制单位使用的原农民集体所有的土地，有下列情形之一的，属于国家所有：

其一，签订过土地转移等有关协议的。

其二，经县级以上人民政府批准使用的。

其三，进行过一定补偿或安置劳动力的。

其四，接受农民集体馈赠的。

其五，已购买原集体所有的建筑物的。

其六，农民集体所有制企业、事业单位转为全民所有制或城市集体所有制单位的。

1982 年 5 月《国家建设征用土地条例》公布时起至 1987 年《土地管理法》开始施行时止，全民所有制单位、城市集体所有制单位违反规定使用的农民集体土地，依照有关规定进行了清查处理后仍由全民所有制单位、城市集体所有制单位使用的，确定为国家所有。

凡属上述情况以外未办理征地手续使用的农民集体土地，由县级以上地方人民政府根据具体情况，按当时规定补办征地手续或退还农民集体。1987 年《土地管理法》施行后违法占用的农民集体土地，必须依法处理后，再确定土地所有权。

第十八条，土地所有权有争议，不能依法证明争议土地属于农民集体所有的，属于国家所有。

第二十一条，农民集体连续使用其他农民集体所有的土地已满 20 年的，应视为现使用者所有；连续使用不满 20 年，或者虽满 20 年但在 20 年期满之前所有者曾向现使用者或有关部门提出归还的，由县级以上人民政府根据具体情况确定土地所有权。

第二十二条，乡（镇）或村在集体所有的土地上修建并管理的道路、水利设施用地，分别属于乡（镇）或村农民集体所有。

第二十三条，乡（镇）或村办企事业单位使用的集体土地，《六十条》公布以前使用的，分别属于该乡（镇）或村农民集体所有；《六十条》公布时起至 1982 年国务院《村镇建房用地管理条例》发布时止使用的，有下列情况之一的，分别属于该乡（镇）或村农民集体所有：

其一，签订过用地协议的（不含租赁）。

其二，经县、乡（公社）、村（大队）批准或同意，并进行了适当的土地调整或经过一定补偿的。

其三，通过购买房屋取得的。

其四，原集体企事业单位体制经批准变更的。

1982 年国务院《村镇建房用地管理条例》发布时起至 1987 年《土地管理法》开始施行时止，乡（镇）村办企事业单位违反规定使用的集体土地按照有关规定清查处理后，乡（镇）村集体单位继续使用的，可确定为该乡（镇）或村集体所有。乡（镇）村办企事业单位采用上述以外的方式占用的集体土地，或者虽采用上述方式，但目前土地利用不合理的，如荒废、闲置等，应将其全部或部分土地退还原村或乡农民集体，或者按有关规定进行处理。1987 年《土地管理法》施行后违法占用的土地，须依法处理后再确定所有权。

第二十四条，乡（镇）企业使用本乡（镇）、村集体所有的土地，依照有关规定进行补偿和安置的，土地所有权转为乡（镇）农民集体所有。经依法批准的乡（镇）、村公共设施、公益事业使用的农民集体土地，分别属于乡（镇）、村农民集体所有。

第二十八条，土地公有制之前，通过购买房屋或土地及租赁土地方式使用私有的土地，土地转为国有后迄今仍继续使用的，可确定现使用者国有土地使用权。

第二十九条，因原房屋拆除、改建或自然坍塌等原因，已经变更了实际土地使用者的，经依法审核批准，可将土地使用权确定给实际土地使用者；空地及房屋坍塌或拆除后两年以上仍未恢复使用的土地，由当地县级以上人民政府收回土地使用权。

第三十条，原宗教团体、寺观教堂宗教活动用地，被其他单位占用，原使用单位因恢复宗教活动需要退还使用的，应按有关规定予以退还。确属无法退还或土地使用权有争议的，经协商、处理后确定土地使用权。

第三十一条，国家确定的保留或地方代管的军事设施用地的土地使用权确定给军队，现由其他单位使用的，可依照有关规定确定为他项权利。

经国家批准撤销的军事设施，其土地使用权依照有关规定由当地县级以上人民政府收回并重新确定使用权。

第四十三条，乡（镇）、村办企业、事业单位和个人依法使用农民集体土地进行非农业建设的，可依法确定使用者集体土地建设用地使用权。对多占少用、占而不用的，其闲置部分不予确定使用权，并退还农民集体，另行安排使用。

第四十五条，1982 年 2 月国务院发布《村镇建房用地管理条例》之前农村居民建房占用的宅基地，超过当地政府规定的面积，在《村镇建房用地管理条例》施行后未经拆迁、改建、翻建的，可以暂按现有实际使用面积确定集体土地建设用地使用权。

第四十六条，1982 年 2 月《村镇建房用地管理条例》发布时起至 1987 年 1 月《土地管理法》开始施行时止，农村居民建房占用的宅基地，其面积超过当地政府规定标准的，超过部分按 1986 年 3 月《中共中央、国务院关于加强土地管理、制止乱占耕地的通知》及地方人民政府的有关规定处理后，按处理后实际使用面积确定集体土地建设用地使用权。

第四十七条，符合当地政府分户建房规定而尚未分户的农村居民，其现有的宅基地没有超过分户建房用地合计面积标准的，可按现有宅基地面积确定集体土地建设用地使用权。

第四十八条，非农业户口居民（含华侨）原在农村的宅基地，房屋产权没有变化的，可依法确定其集体土地建设用地使用权。房屋拆迁后没有批准重建的，土地使用权由集体收回。

第四十九条，接受转让、购买房屋取得的宅基地，与原有宅基地合计面积超过当地政府规定标准，按照有关规定处理后允许继续使用的，可暂确定其集体土地建设用地使用权。继承房屋取得的宅基地，可确定集体土地建设用地使用权。

第五十一条，按照本规定第四十五条至第四十九条的规定确定农村居民宅基地集体建设用地使用权时，其面积超过当地政府规定标准的，可在土地登记卡和土地证书内注明超过标准面积的数量。以后分户建房或现有房屋拆迁、改建、翻建或政府依法实施规划重新建设时，按当地政府规定的面积标准重新确定使用权，其超过部分退还集体。

第五十二条，空闲或房屋坍塌、拆除两年以上未恢复使用的宅基地，不确定土地使用权。已经确定使用权的，由集体报经县级人民政府批准，注销其土地登记，土地由集体收回。

第五十六条，土地所有权或使用权证明文件上的四至界线与实地一致，但实地面积与批准面积不一致的，按实地四至界线计算土地面积，确定土地的所有权或使用权。

271. 最高人民法院贯彻执行处理涉及房地产历史遗留问题民事政策法律的司法解释又有哪些？

答：（1）基于不同历史阶段房地产问题法律调整的需要，最高人民法院于1963年、1979年、1984年先后出台过3个贯彻执行民事政策法律问题意见的法律文本。

第一，1963年8月28日修正的《最高人民法院关于贯彻执行民事政策几个问题的意见》第一条第二目关于房屋纠纷问题，规定处理房屋纠纷，应当根据《农村人民公社工作条例修正草案》和党的有关政策与国家法律的规定，注意保护国家、集体所有的房屋不受侵犯，保护依法属于公民个人所有的房屋不受侵犯。目前，在城市要打击不法资产阶级分子反改造的活动，在农村要打击地主、富农分子反攻倒算的破坏。在上述原则下，处理具体案件时，要注意房屋维修，鼓励房屋建筑，合理使用房屋和稳定住房秩序，既要照顾住户的经济情况和需要，又要保护房主的合法收益和正当的合法买卖。一是对土改遗留问题的处理，一般的应该以土改时决定的产权为准，当时决定归谁所有，即应归谁所有，不再变动。如将当时在外地的中、贫农的房屋已确权给其他贫雇农，而现在回到农村又确实需要房屋的，原则上不退给原房屋，可由生产队设法另行安置，如果经过协商双方同意，也可退还给原房屋，由生产队设法补偿对方的损失。凡是土改时在外地已分得房屋的，不退给原房屋，也不另行分给房屋。如果土改时不应分给房屋的人，以欺骗手段侵占了当时在外地的劳动人民的房屋，原房主现在提出要房时，应予退还或采用给予补偿的办法予以合理解决。地主、富农在土改时应没收而被遗漏的房屋，应当按照土地改革法予以没收，收归国家或集体所有。二是关于退赔遗留问题，应当根据党的退赔政策处理，凡是从人民公社成立以来，向公社、生产队、社员个人平调的房屋，坚决退赔。原房屋还在的，应退还给原房屋，如果原房屋已拆毁或不能退还或马上退有困难的，应作价补偿或转为租赁关系。如果社员的住房因而发生困难的，应调给相当的房屋或设法帮助修建。三是凡依法准许买卖的房屋，经过正当合法手续确定了房屋买卖关系的，应保护双方的权利，一方不能反悔废除买卖契约。出卖人应按期交出房屋，不得追价或倒回房屋；买主应按期交付价款。对于因“共产风”影响，买卖双方都故意未全部执行买卖契约而引起纠纷的，一般的应维持买卖关系。但在处理时，应适当地考虑到房价是否合理和双方的实际需要。如果房价确实不合理或由于拖延执行造成出卖人的损失，可说服买主适当增加房价或给予补偿。如果房主有房住而出卖人确实需要居住此房的，也可以调解将房屋退回出卖人，由出卖人适当补偿买主的损失。四是劳动人民之间的房屋典当权，除土改中已经解决者不再变动外，应当予以承认，在典期届满时准予回赎。如典当契约已载明或过期不赎作为绝买的，按契约规定处理。如因典当契约未载明回赎期限或过期不赎作为绝买的，可根据当地规定或参照当地劳动人民的历史习惯，予以合理解决。在处理回赎问题时，应照顾双方的实际需要情况。如果承典人确实无房住，而出典人又不缺房的，可调解延期回赎，也可回赎一部。房屋回赎后，出租或出卖的，原承典人在同等的价格上有优先承租、承买权。如因典价折算发生纠纷时，原则上应按照国家规定牌价为准，但是要考虑到双方当事人的经济情况、回赎目的和住房等实际情况，进行协商解决。五是对于房屋租赁纠纷，应本着既保证房主所有权又保障房客有房可住的原则处理。公民个人依法有权出租属于个人所有的房屋，并收取公平合理的租金。房主不能任意增租、强行收房，房客也不能拖欠房租或转租。租期届满，房主确因住房困难要求收回自住的，应当允许，但必须给承租人找房搬家的时间。六是对转手倒卖房屋或房屋材料，从中牟取暴利，进行投机活动的，应严肃处理，除倒回物款外，情节严重的，还应酌情依法处理。七是对有关城镇社会主义改造的房屋纠纷，应按照党对资本主义工商业进行社会主义改造的政策精神处理，坚决制止不法资产阶级分子非法倒回房产的行为。八是对属于地、富分子反攻倒算的破坏行为，应予以坚决打击，不应做一般房屋案件处理。

第二，1979 年 2 月 2 日，《最高人民法院关于贯彻执行民事政策法律的意见》第二条关于财产权益纠纷问题，第一目宅基地问题，规定处理社员宅基地的使用权等纠纷，应根据土地归国家或集体所有，一律不准出租和买卖的原则，既要保护国家和集体的利益，又要照顾历史情况和群众的实际需要。凡是当地仍按土改时所确定的宅基地的所有权，改变为使用权的，该宅基地的使用权不变；凡是当地宅基地已经统一规划过的，按所规划后确定的社员宅基地的使用权处理；凡是经过合法手续已进行调整的，按调整的决定处理。如宅基地使用权确有必要变更的，人民法院应根据党和国家的政策法律规定，与有关部门共同研究，妥善处理。社员在宅基地上种植的果树和竹木等，均应归社员所有。第二目房屋问题，规定人民法院审理房屋案件，必须根据宪法和有关政策、法律，既要保护国家和集体的房屋所有权，也要依法保护公民个人的房屋所有权。对具体案件的处理，要考虑有利于城乡建设，有利于房屋的修建，有利于稳定住房秩序，有利于改善群众的居住条件。一是土改遗留的房屋纠纷，一般的应以土改时所确定的产权为准，当时决定归谁所有，即归谁所有。凡是土改时在外地已分得房屋的，不退给原房屋，也不另行补给房屋。土改时在外地的劳动人民，其房屋已分给应分得房屋的其他人所有，现在回到当地又确实需要房屋的，原则上不退给原房屋，可由生产队（或大队、公社）设法另行安置。土改时不应分得房屋的人，确以欺骗手段分得他人房屋的，原房主现在提出要房时，应予退还，或者采取给予补偿的办法合理解决。二是依法准予买卖的房屋，经过合法手续，确定了买卖关系的，应保护双方的权利。非所有权人非法出卖他人房屋的，应宣布买卖关系无效。房屋为共有，未取得其他共有人同意，擅自出卖房屋，买方又明知故犯的，亦应宣布买卖关系无效；买方不知情的，买卖关系是否有效，应根据实际情况处理；买卖关系已成立，共有人当时明知而不反对，现在又提出异议的，应视为买卖关系有效。因买卖关系无效而引起的经济纠纷，应根据实际情况，适当解决。三是劳动人民的房屋典当关系，应予承认。典期届满，准予回赎。土改中已经解决的不再变动。典当契约载明过期不赎作为绝买的，按契约规定处理。典当契约未载明期限或过期不赎作为绝买的，在处理回赎问题时，应照顾双方的实际需要，如果承典人确无房住，而出典人又不缺房的，可将此房屋全部或部分卖给承典人。典价折算可协商解决，如发生纠纷，原则上应按国家规定的实物价格计算，但也要考虑到双方的经济条件、回赎目的等实际情况。四是房屋代管问题。所有权人明确委托他人代管的，是代管关系。虽未委托，但实际上由其亲属代管，房主没有放弃所有权的，也应视为代管关系。因代管问题发生纠纷时，应依法保护房主的房屋所有权，也应根据实际情况适当照顾代管人的利益。分家析产时，外出的家庭成员明知又未主张房屋所有权的，应视为放弃所有权。五是房屋租赁问题。因公房租赁引起的纠纷，一般的由房管部门和有关部门处理。向法院起诉的，人民法院认为有必要时可以受理。处理公房租赁案件，既要保护国家财产，又要保护住户的合法权益。对强占公房或无理拖欠公房租金的，应令其迁出公房或限期付清欠租。公民个人所有的房屋依法出租的，要保护房主的所有权，维护房客住房的稳定性。房主要负责及时修缮，房客要按时缴纳房租。房主不能任意增租或强行收房，房客不能拖欠房租或转租。租期届满，房主确因住房困难，要求收回自住的，应当允许，但必须给房客找房搬家的时间。

第三，1984 年 8 月 30 日《最高人民法院关于贯彻执行民事政策法律若干问题的意见》第六条房屋问题，规定人民法院审理房屋案件，必须根据宪法和有关政策、法律的规定，坚持有利城乡建设，有利群众生产、生活和有利社会安定团结的原则，切实保护国家、集体和个人的房屋所有权。

有关土改遗留的房屋确权纠纷，第 53 目规定一般应以土改时所确定的产权为准。土改时地主、富农被没收、征收的房屋，已确权给他人或归集体所有的，应依法保护。对华侨和港、澳、台同胞的房产确权问题，应依有关政策规定处理。

对强占或损坏已经社会主义改造和公私合营时已入社入股房屋的，第 54 目规定应责令其迁出或赔偿。

就房屋买卖问题，第 56 目、第 55 目规定，买卖双方自愿并立有契约，买方已交付了房款，并且实际使用和管理了房屋，又没有其他违法行为，只是买卖手续不完善的，应认为买卖关系有效，但应着其补办房屋买卖手续。

非所有权人出卖他人房屋的，应废除其买卖关系。部分共有人未取得其他共有人同意，擅自出卖共有房屋的，应宣布买卖关系无效。买方如不知情，买卖关系是否有效应根据实际情况处理。其他共有人当时明知而不反对，事后又提出异议的，应承认买卖关系有效。因买卖关系无效而造成的经济损失，有过程的一方应负责赔偿。

公民之间因房屋租赁而发生的纠纷，第 57 目规定应首先查明原因，本着既保护房主的房屋所有权，又维护房客的正当承租权的原则处理。房客无故欠租的，应如数补付租金。未经房主同意，房客转租、出借和换房的，不予准许。租期届满，房主要求收回自住的，一般应当准许；未定租期，房主却因住房困难要求收回自住的，一般也应准许，但应给房客找房搬家的时间。房主出卖房屋时，在同等条件下，原房客优先购买的权利应予保护。

对法律、政策允许范围内的房屋典当关系，第 58 目规定应予承认。但土改中已经解决的房屋典当关系，不再变动。

典期届满逾期 10 年或典契未载明期限经过 30 年未赎的，原则上应视为绝买。

公民之间因代管房屋发生纠纷，第 59 目规定应首先查明房屋产权的归属。房屋所有权人明确委托他人代管的，或者虽未办理委托手续，但实际上由房屋产权人的亲属代管的，应认定为代管关系。在代管期间，受托人须按照委托权限行使代管权，并履行应尽的义务。由于受托人的过错造成房屋损失的，应予赔偿。受托人办理委托事务或维修服务等所需的费用，应由委托人偿付。委托人要求解除代管的，应当准许。

受托人死亡时，其亲属未征得委托人的同意，擅自处分所代管房屋的，其处分无效，造成损失的应予赔偿。

第七条，关于宅基地问题，规定人民法院审理公民之间宅基地使用权的案件，应根据土地归国家或集体所有，一律不准出租、转让和买卖的原则，参照中华人民共和国成立以来宅基地的演变和现实使用情况，照顾群众生活的实际需要，依法保护国家、集体和个人的权益。

针对村镇公民之间由于买卖房屋转移宅基地使用权而发生的纠纷，第 60 目规定应根据国务院《村镇建房用地管理条例》中规定的审查、批准手续处理。

经过统一规划的宅基地，使用权发生的纠纷，第61目规定应以规划后确定的使用权为准。经过合法手续个别调整了的，一般应以调整后的使用权为准。

针对共同使用的宅基地，未经共同使用人的同意，一方已占用建房的纠纷，第62目规定如果建房时对方明知而未提出异议，又不妨碍他人和公共利益的，可继续使用。

针对未经规划的宅基地，对地界有争执的纠纷，第63目规定四至明确，应以四至为准；四至不明确，应参照长期以来的使用情况，本着有利生产、生活的原则，合理解决。

对于房地应否一致问题，第64目规定公民在城镇依法买卖房屋时，该房屋宅基地的使用权应随房屋所有权一起转归新房主使用。

城市房屋所有人在原宅基地上翻建、改建、扩建自己的房屋时的合法性问题，依照第65目的规定，未按规定办理合法手续的，依法不予保护。

行使宅基地使用权而妨碍公共利益和他人利益的，应依法予以制止。

（2）复函或通知形式的司法解释。

第一，1992年4月9日《最高人民法院关于因体制变动引起的房地产纠纷案法院不应受理的复函》：“你院琼高法（民）他字〔1991〕2号《关于机电工业部第五研究所诉中国人民解放军38002部队后勤部土地、房屋、财产纠纷一案的请示》收悉。经研究并征求有关部门意见后认为：双方讼争的海南省三亚市榆林天然暴露试验站房屋、土地纠纷是因机械电子工业部第五研究所体制变动引起的，应由有关部门解决，不应由人民法院作为民事案件受理。据此，本案应由第二审人民法院撤销第一审判决，驳回原告起诉。”

第二，1992年11月25日《最高人民法院关于房地产案件受理问题的通知》（法发〔1992〕38号）规定：凡公民之间、法人之间、其他组织之间及他们相互之间因房地产方面的权益发生争执而提起的民事诉讼，由讼争的房地产所在地人民法院的民事审判庭依法受理。公民、法人或其他组织对人民政府或其主管部门就房地产问题做出的行政处罚决定不服，依法向人民法院提起的行政诉讼，由房地产所在地人民法院的行政审判庭依法受理。凡不符合《民事诉讼法》《行政诉讼法》有关起诉条件的属于历史遗留的落实政策性质的房地产纠纷，因行政指令而调整划拨、机构撤并分合等引起的房地产纠纷，因单位内部建房、分房引起的占房、腾房等房地产纠纷，均不属于人民法院主管工作的范围，当事人为此而提起的诉讼，人民法院依法不予受理或驳回起诉，可告知其找有关部门申请解决。

（3）联合发文形式的相关解释规定。

第一，1981年1月27日《最高人民法院、国务院宗教事务局关于寺庙、道观房屋产权归属问题的复函》明示："经研究，原则上同意请示报告所提的处理意见。鉴于这类房屋产权纠纷的情况比较复杂，在处理时，一定要认真执行宗教政策，妥善地处理好公私关系；必要时，应征求当地政府及有关部门的意见，共同做好工作。"

上海请示报告的处理意见如下：一是本市寺庙、道观不论当前是否进行宗教活动，其房屋大都是由群众捐献而建造。因此，除个别确系私人出资修建或购置的小庙，仍可归私人所有外，其他房屋的性质均应属公共财产，其产权归宗教团体市佛教协会与市道教协会所有。僧、尼、道士一般有使用权，但均无权出卖、抵押或相互赠送。任何使用、占用单位或其他机关团体都不能任意改变其所有权，并应按照中共中央国务院中发〔1980〕22号及国发〔1980〕188号文件精神落实政策，产权归还各宗教团体。二是在农村的寺庙、道观，土改中虽由僧、尼、道士个人或集体进行登记并取得房屋所有权证，但应根据具体情况分别对待：土改前（或土改时）有些寺庙、道观已转业还俗，就不再属于寺庙、道观的范围。但根据《土地改革法》第十三条第五项规定，房屋由这些僧、尼、道士登记的，其房屋产权可分别归属原登记者个人所有，其法定继承人准予继承。土改时，寺庙、道观仍进行宗教活动，僧、尼、道士也仍从事宗教职业的，土改中虽由僧、尼、道士出面登记并领取所有权证，但应视作僧、尼、道士以管理者身份代为登记，仍属公产，不能作为他们的私有财产。三是中华人民共和国成立后已停止宗教活动的市区及城镇寺庙、道观和土改后才停止宗教活动的农村寺庙、道观，僧尼已转业的，其原住的寺庙、道观房屋可继续使用，如转业僧、尼、道士已死亡，其共同生活的家属仍可给予照顾，继续居住，但不得主张产权。四是因生产建设需要征用寺庙、道观及其房地产进行拆建改建者，需经市宗教事务局批准和同意后，按照本市征用土地和拆迁房屋管理办法的规定并根据他们原有的所有权或使用权分别处理，由征用单位会同宗教工作部门及有关宗教团体直接协商解决。转业僧、尼、道士居住使用的寺庙、道观房屋，因年久失修有倒塌危险需要翻建的，亦应报请市宗教事务局批准，并向宗教团体申请办理补偿手续。

第二，1987 年 10 月 22 日《最高人民法院、城乡建设环境保护部关于复查历史案件中处理私人房产有关事项的通知》[法（研）发〔1987〕30 号]：一是人民法院在复查纠正历史案件（包括刑事和民事）时，对需要做出撤销原判决，发还当时没收的私人房屋的，在判决前，先与房屋所在地的政府主管部门协商，根据不同情况，分别做出处理。房屋还存在，按私房政策规定应发还原房屋的，要及时发还；对一时不能发还原房屋的，可先明确产权；对原房屋变动较大或退还原房屋确有困难的，交由政府主管部门根据房屋的现实情况和有关政策，组织有关方面具体办理房屋发还或作价补偿。有关政府部门应积极配合，妥善解决。二是人民法院在审理房屋案件中，遇到有关落实私房政策的案件，如私房因社会主义改造遗留问题，“文革”期间被挤占、没收的私人房产问题，中华人民共和国成立初期代管的房产问题，落实华侨、港澳台胞私房问题等，应移送当地落实私房政策部门办理。落实私房政策部门必须从实际出发，严格按照中央的政策规定处理。中央已有规定的，应严格依照政策办理，不许扩大范围。中央没有规定的，不许再开新口子。

历史上疑难房地问题处理依据，除上述所列举的顶层制度设计外，还有尚未列举的诸多相关历史文件。例如，1950 年 6 月 30 日公布实行的《中华人民共和国土地改革法》；1962 年 9 月 27 日公布的《农村人民公社工作条例》（号称 60 条）；1980 年 7 月 16 日发布的《国务院批转宗教事务局、国家建委等单位〈关于落实宗教团体房产政策等问题的报告〉的通知》；1984 年 12 月 24 日发布的《中共中央办公厅、国务院办公厅转发〈关于加快落实华侨私房政策的意见〉的通知》；1985 年 6 月 5 日的《中共中央办公厅秘书局就有关私房政策规定问题给国务院办公厅信访局的复函》；1988 年 7 月 14 日的《财政部关于建国初期收归国有并已作处理的祠堂、会馆等财产现在是否应当无偿移交房管部门的答复》；2003 年 6 月 6 日发布的《中共中央关于进一步落实去台人员在祖国大陆亲属政策的通知》；等等。

至于历史个案如何处理，除适用上述所列顶层制度设计及具有既往溯及力的新政新法外，还有最高人民法院对省、市、县级部分法院就有关问题请示的批复，都是处理不同历史阶段相关历史问题的依据。例如，1957 年 4 月 29 日，《最高人民法院关于处理祠堂产权问题的批复》；1981 年 1 月 27 日，《最高人民法院、国务院宗教事务局关于寺庙、道观房屋产权归属问题的复函》；1981 年 6 月 22 日，《最高人民法院关于地主家庭出身的能否回赎土改前出当给劳动人民的房屋的请示的复函》；1984 年 4 月 17 日，《最高人民法院关于〈城市私有房屋管理条例〉公布前机关、团体、部队、企业、事业单位购买或租用房屋是否有效问题的答复》；1985 年 8 月 10 日，《最高人民法院关于国营企业购买私房已使用多年经补办批准手续后可承认买卖关系有效的批复》；1986 年 5 月 27 日，《最高人民法院关于房屋典当回赎中几个有关问题的批复》；1986 年 6 月 17 日，《最高人民法院关于产权人双方在"文革"期间互换房屋各自行使权利多年后能否翻悔的批复》；1987 年 4 月 25 日，《最高人民法院关于土改时部分确权部分未确权的祖遗房产应如何继承问题的批复》；1988 年 9 月 8 日，《最高人民法院关于处理私房社会主义改造中房屋典当回赎案件中的两个问题的批复》；等等。

参考文献

1. 贾东明.《中华人民共和国民法总则》释解与适用［M］.北京：人民法院出版社，2017.

2. 中国法制出版社法规中心.中华人民共和国房地产法律法规全书（含典型案例及文书范本）［M］.北京：中国法制出版社，2016.

3. 最高人民法院民事审判第一庭.最高人民法院农村土地承包纠纷案件司法解释理解与适用［M］.北京：人民法院出版社，2005.

4. 中国法制出版社.宅基地纠纷实用法律手册［M］.北京：中国法制出版社，2015.

5. 江必新，何东宁等.最高人民法院指导性案例裁判规则理解与适用（房地产卷）［M］.北京：中国法制出版社，2014.

6. 何晓航.《房地产纠纷裁判依据新释新解》［M］.北京：人民法院出版社，2014.

7. 李松.房产纠纷处理大全（李松律师说案）［M］.北京：法律出版社，2014.

8. 李铣哲，冯晓光.房屋征收补偿取证技巧与赔偿标准［M］.北京：中国法制出版社出版，2013.

9. 本书编委会.中华人民共和国农村土地承包法（实用问题版）［M］.北京：法律出版社，2012.

10. 罗灿 . 征地安置补偿索赔技巧和赔偿计算标准（最新修订版）[M] . 北京：法律出版社，2012.

11. 法规应用研究中心 . 中华人民共和国土地管理法关联规定（注释应用本）[M] . 北京：中国法制出版社，2012.

12. 国务院法制办公室农林城建资源环保法制司、住房城乡建设部法规司、房地产市场监管司 . 国有土地上房屋征收与补偿条例释义 [M] . 北京：中国法制出版社出版，2011.

13. 刘德权 . 最高人民法院裁判意见精选（上）[M] . 北京：人民法院出版社，2011.

14. 最高人民法院物权法研究小组 .《中华人民共和国物权法》条文理解与适用 [M] . 北京：人民法院出版社，2007.

15. 最高人民法院侵权责任法研究小组 .《中华人民共和国侵权责任法》条文理解与适用 [M] . 北京：人民法院出版社，2010.

16. 吴庆宝 . 最高人民法院专家法官阐释民商裁判疑难问题（2009—2010 年卷）[M] . 北京：中国法制出版社，2009.

17. 施天涛 . 合同法释论 [M] . 北京：中国人民公安大学出版社，1999.

18. 刘德权 . 最高人民法院司法观点集成（1）[M] . 北京：人民法院出版社，2009.

19. 中国法制出版社 . 行政案件审判依据 [M] . 北京：中国法制出版社，2009.

20. 吴庆宝 . 最高人民法院专家法官阐释民商裁判疑难问题（续）[M] . 北京：人民法院出版社，2008.

21. 吴庆宝，俞宏雷，姚旭斌 . 民事裁判标准规范（基层法院、法庭版）[M] . 北京：人民法院出版社，2008.

22. 最高人民法院民事诉讼法修改研究小组 .《中华人民共和国民事诉讼法》修改的理解与适用 [M] . 北京：人民法院出版

社，2007.

23. 吴庆宝．最高人民法院专家法官阐释民商裁判疑难问题［M］．北京：人民法院出版社，2007.

24. 顾秀莲．妇女权益保障法学习读本［M］．北京：中国法制出版社，2005.

25. 巫昌祯，邓丽．妇女权益保障法 100 问［M］．北京：中国妇女出版社，2005.

26. 刘有东．合同法精要与依据指引［M］．北京：人民出版社，2005.

27. 唐力．民事诉讼法精要与依据指引［M］．北京：人民出版社，2005.

28. 刘艺，罗军．行政诉讼法精要与依据指引［M］．北京：人民出版社，2005.

29. 洪学军．民法通则精要与依据指引［M］．北京：人民出版社，2005.